班组长实用管理丛书

班组长

实用团队管理

杨剑 编著

廣東省出版集團
广东经济出版社
·广州·

图书在版编目（CIP）数据

班组长实用团队管理 / 杨剑编著. —广州：广东经济出版社，2013.10

（班组长实用管理丛书）

ISBN 978－7－5454－2195－8

Ⅰ.①班…　Ⅱ.①杨…　Ⅲ.①班组管理　Ⅳ.①F406.6

中国版本图书馆 CIP 数据核字（2013）第 184640 号

出版发行	广东经济出版社（广州市环市东路水荫路 11 号 11～12 楼）
经销	全国新华书店
印刷	广东新华印刷有限公司（广东省佛山市南海区盐步河东中心路）
开本	730 毫米×1020 毫米　1/16
印张	16.75
字数	261 000 字
版次	2013 年 10 月第 1 版
印次	2013 年 10 月第 1 次
印数	1～5 000 册
书号	ISBN 978－7－5454－2195－8
定价	35.00 元

如发现印装质量问题，影响阅读，请与承印厂联系调换。

发行部地址：广州市环市东路水荫路 11 号 11 楼

电话：（020）38306055　38306107　邮政编码：510075

邮购地址：广州市环市东路水荫路 11 号 11 楼

电话：（020）37601950　营销网址：http：//www.gebook.com

广东经济出版社新浪官方微博：http：//e.weibo.com/gebook

广东经济出版社常年法律顾问：何剑桥律师

前 言

彼得·杜拉克说过："管理的第一要素是人。"在人、财、物等生产要素中，人是最重要的因素。而在任何类型的企业中，基层员工都是数量最大的，特别是制造业和服务业，一线员工占到80%以上。对这部分员工管理得好坏直接关系到企业的发展状况和竞争力的高低，直接影响产品质量、成本、交货期、安全生产和员工士气，直接关系到企业的经营成败。

班组长作为连接中层管理与基层员工的桥梁，在企业组织中具有举足轻重的作用。优秀班组建设是世界级制造工厂和服务组织提升管理效率的重要手段。班组长不但要管物、管事，更要管人。所以，班组长在完成从工人到管理者的角色转变后，必须应对来自公司上下以及自身能力的挑战。诸如怎样跟员工沟通，让员工有效配合工作？怎样激励员工？怎样建设强力团队？

在本书中，我们针对班组长的工作特点，全面介绍了班组团队管理的内容、如何派工与合理用工、如何进行新员工管理、如何进行培训开发、如何进行管理沟通、如何进行制度管理、如何进行压力管理、如何激励员工形成团队战斗力、如何进行绩效考评、如何进行员工冲突管理、如何进行安全管理、如何打造高执行力的班组团队。

我们衷心希望你可以从中找到工作中的重点和有待改善的知识，寻求自我提升和自我发展的最佳途径。

针对班组长的自身特点和岗位要求，在编写过程中，我们特别注意到了基层管理的特点，尽量避免理论化，着重实际操作的需要，尽量使用大众化语言，尽量配置图表，尽量条理化，从而使本书具有以下特色：

（1）内容非常实用，是典型的实操型图书。

（2）结构科学，章节内容和编排与班组长的思维模式十分吻合。

（3）配有大量图表，阅读相对轻松。

(4) 图书内容的每个小标题都是一个独立的问题，一题一叙，条理清晰。

(5) 对重要的常识、概念、原理、技巧、诀窍等，以“要点提示”的栏目形式做了大量的“贴士”，便于读者学习和记忆。

相信本书对战斗在制造业及服务业的广大班组长或希望成为班组长的骨干员工，都是一本很好的实用性读物。

本书在编写过程中，得到了信息产业部国有711厂、深圳富代瑞科技公司、深圳双通电子厂等企业的大力支持，并有刘立新、胡俊睿、水藏玺、刘晓、李砚、杨亿、王林、刘雨红、吕嵘、黄英、王波、金晓岚、董艺荭、李光辉、杨丽梅等同志的参与，在此表示衷心的感谢！

如果你在阅读中有什么问题或心得体会，欢迎与我们联系。我们的联系方式是：hhhyyy2004888@163.com。

杨　剑

2013年8月

目 录

第一章　知己知彼，管人先要了解人

第一节　了解员工心理及需求

俗话说："士为知己者死。"作为一名班组长，必须对自己的员工"无所不知"，如此才能观察到自己员工的言行举止，才能管理好员工，才能有效地激发他们的工作热情。

了解员工，有三个层次

一是初步了解。

了解员工的出身、学历、经验、家庭环境以及背景、兴趣、专长等，这是最基本的。如果你连这些最起码的都不知道，那根本就不够资格当班组长。

二是比较了解。

知晓员工的思想，与员工产生共鸣。当手下的员工遭遇困难时，能够事先臆测他的行动，并能给予适时的支持。

三是知人善任。

给予员工足以考验其能力的艰巨工作，并且在他面临此种困境时，给予适当的指引，引导他如何起死回生，从而使他在实践中不断地磨炼自己，迅速提高自己的工作能力，使员工能在自己的工作岗位上发挥最大的潜力。知人善任是了解员工的最高层次，卓越的班组长就是要能够做到知人善任。

一、了解员工的需求层次

每个人都有其需求，人的需求多种多样，但总的来说可以归纳为生理需求、安全需求、社交需求、尊重需求和自我实现需求五类，依次由较低层次到较高层次。这就是著名的马斯洛需求层次。

1. 生理需求

对食物、水、空气和住房等的需求都是生理需求，这类需求的级别最低，人们在转向较高层次的需求之前，总是尽力满足这类需求。

2. 安全需求

安全需求包括对人身安全、生活稳定以及免遭痛苦、威胁或疾病等的需求。和生理需求一样，在安全需求没有得到满足之前，人们唯一关心的就是这种需求。

3. 社交需求

社交需求包括对友谊、爱情以及隶属关系的需求。

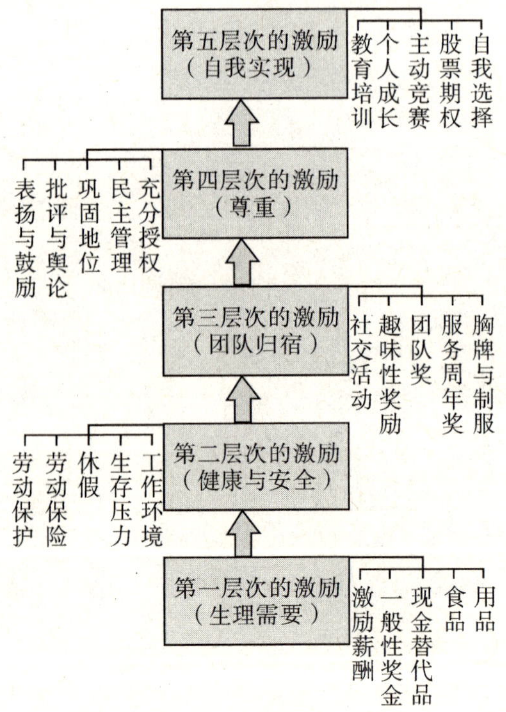

图1－1　需求层次

4. 尊重需求

尊重需求既包括对成就或自我价值的个人感觉，也包括他人对自己的认可与尊重。有尊重需求的人希望别人按照他们的实际形象来接受他们，并认为他们有能力，能胜任工作。

5. 自我实现需求

自我实现需求的目标是自我实现，或是发挥潜能。达到自我实现境界的人，接受自己也接受他人。

只有了解人的基本需求，才能根据员工的需求进行人员管理，如激励。以后的章节我们还会对此加以讨论。

二、怎样了解员工的需求

员工的需求是多元且永恒的。当现有的需求得到满足后，另一些新的需求就会产生，而且多种潜在的需求会逐步转化为现实的需求。要充分了解和把握员工的需求，在思想上要引起高度重视。那么，班组长该如何来对待员工的需求呢？

1. 换位思考

站在员工的角度来考虑问题，考虑他们的需求，了解他们所处的环境和他们的真正感受。

2. 运用内部营销的方法和技术

即把员工当作企业的内部顾客，运用营销调研技术，如一对一访谈、问卷调查、圆桌会议、实地观察等技术去了解员工的动机、情绪、信仰、价值观、潜在的恐惧和反抗等，以此准确了解和把握员工的情感、需求和欲望。

3. 加强交流与沟通

建立内部正式的和非正式的互动式的沟通和反馈渠道，通过情感沟通，了解不同员工的不同需求，也了解不同时期的需求重点。

4. 外部了解

通过对员工的家庭与亲戚朋友、离职员工的调查和访谈，来间接了解员工的真实情况。

三、员工主要有哪些需求

全球著名的管理咨询顾问公司盖洛普公司通过调查后，得出了现代员工的12种需求：

（1）在工作中我知道公司对我有什么期望。

（2）我有把工作做好所必需的器具和设备。

（3）在工作中我有机会做我最擅长做的事。

（4）在过去一周，我出色的工作表现得到了承认和表扬。

（5）在工作中我的上司把我当一个有用的人来关心。

（6）在工作中有人常常鼓励我向前发展。

（7）在工作中我的意见一定有人听。

（8）公司的使命或目标使我感到工作的重要性。

（9）我的同事们也在致力于做好本职工作。

（10）我在工作中经常会有一个最好的朋友。

（11）在过去的6个月里，有人跟我谈过我的进步。

（12）去年，我在工作中有机会学习和成长。

四、如何满足员工的需求

对于长期在一线工作的员工，要满足员工的需求，班组长应该做到：

1. 明确岗位职责和岗位目标

让员工明白公司对他的希望和要求。

2. 做好设备和用品的管理

每个员工进行工作时都要有相应的设备和办公用品。之所以在这方面出现问题，往往不是设备和办公用品的数量不足，而是管理不善，在需要的时候物品往往找不到。班组对物品的管理应该由专人负责，借用和领用都应有相应的登记管理制度。

3. 加强管理沟通

让每个员工去做最擅长的事情。了解员工，不但要观察员工的工作行为，还要注意多与员工进行沟通，特别是管理沟通，认真听取员工对公司管理和部门管理的建议，了解员工的思想动态，并让员工进行自我工作评价，以便统一员工与直接上司对工作的认识。

4. 建立意见反馈机制

在具体工作中，员工难免会对公司或部门的一些管理行为产生意见，从而影响工作情绪。而这些意见并非都适合直接告诉直接上司。从公司的管理流程上讲，应该有这样一个“第三方”来收集员工的意见，并将这些意见整理、归类，然后直接反映给最高层或公司管理部门，这也是对各级管理人员的一种监督方式。

5. 进行书面工作评价

很多公司都会对员工的工作进行考评，在工作考评后不仅要有及时的考评沟通，还要有书面的工作评价。工作评价可以每半年进行一次，在工作评价中要诚恳地对员工的优缺点进行分析和总结。在员工拿到自己的工作评价时，对自身的情况会有一个客观的了解，并且会感受到公司在时时刻刻地关心着自己的成长。

6. 完善职务升迁体系

职务的晋升是对员工工作的肯定和嘉奖。完善职务升迁体系是为了使每一位员工都感觉到在公司工作有发展前途。

另外，面对员工的需求，不能只是被动地满足，而应当主动分析和处理。

对于那些能够起到较大激励作用，或是占主导地位，但超出了企业能力范围的员工需求，应当将其转变，通过引导使员工产生企业能力范围之内的新的需求，淡化原来的需求。这样，可以将员工的需求引向企业所期望的，而且企业也有能力满足它。这样的结果自然是企业与员工都满意，实现双赢。

满足员工的需求是指有效满足或适当满足，不是无限度地满足员工的所有需求和欲望。实现员工的各种愿望，前提条件是企业必须具备这种承受能力。

第二节 了解班组员工类型

人与人是不同的。一些人比较主动，而另一些人比较被动；一些人喜欢挑战，而另一些人则尽量避免风险；一些人喜欢较舒适的工作环境，而另一些人则习惯于以薪金来判断工作好坏；如此等等。要管理好员工，首先需要鉴别员工的类型。

班组长团队管理的首要任务是什么

任何一个管理者的首要任务都是弄清他的员工的情况，并且弄清楚他们之间的不同之处，不这样做便会犯下最基本的错误。

构成员工行为的两个基本要素包括果断性和情感性。果断性是反映一个人的行为在别人眼里显示出来的坚强有力和始终如一的程度。情感性是反映一个人的行为在别人眼里显示出来的个人情感和关心他人的程度。

这两个因素在一起就形成了一个人的行为风格。从员工的行为风格划分，分为四种类型。

一、分析型员工的特征及相处之道

1. 分析型员工的特征

分析型指果断性和情感性都弱于半数人的行为风格。主要特征有：

（1）天生喜欢分析，情感深刻而沉稳，办事仔细而认真。

（2）不流露自己的情感，面部表情少，说话时手势少，走路速度慢。

（3）观察力敏锐，会问许多具体细节方面的问题，考虑周密，办事有序。

（4）沉沦于个人的经验，并容易保持沉默，少言寡语。

（5）事事喜欢准确完美，喜欢条理框框。

（6）对日常琐事不感兴趣，但衣着讲究，正规。

（7）对于决策非常谨慎，过分地依赖材料、数据，工作起来很慢。

（8）在提出决策和要求，或阐述一种观点时，喜欢兜圈子。

2. 分析型员工的主要需求

（1）安全感，万无一失。

（2）对自己和别人都要求严格，甚至苛刻。

（3）喜欢较大的个人空间，害怕被人亲近。

3. 与分析型员工相处的窍门

（1）遵守时间，不要寒暄，尽快进入主题，要多听少说，做记录，不随便插话。

（2）不要过于亲热友好，尊重他们对个人空间的需求，减少眼神接触的频率和力度，更要避免身体接触。

（3）不要过于随便，要公事公办，着装正统严肃，讲话要用专业术语，避免俗语。

（4）摆事实，并确保其正确性，信息要全面具体，特别要多用数字。

（5）做好准备，考虑周到全面，语速放慢，条理清楚，并严格照章办事。

（6）谈具体行动和想法而不谈感受，同时要强调树立高标准。

（7）避免侵略性身体语言，如阐述观点时身体要略向后倾。

二、结果型员工的特征及相处之道

1. 结果型员工的特征

结果型指果断性强于半数人，情感性则弱于半数人的行为风格。其主要特征为：

（1）有明确的目标和追求，精力充沛，身体语言丰富，动作迅速而有力，通常走路速度和说话速度都比较快。

（2）喜欢发号施令，当机立断，不能容忍错误，不在乎别人的情绪、别人的建议，也不表露自己的情绪。

（3）最讲究实际，是决策者、冒险家，喜欢控制局面，是个有目的的听众。

（4）冷静独立而任性，以自我为中心，是个优秀的时间管理者。

（5）关心别人，但他们的感情通过行动而不是语言表达出来。

2. 结果型员工的主要需求

这种风格员工的需求主要包括：

（1）直接的，准确的回答。

（2）有事实的，有依据的，有大量的新想法。

（3）高效率，明显的结果。

3. 与结果型员工相处的窍门

（1）直接切入主题，不用寒暄，多说少问，用肯定自信的语气来谈。

（2）充分准备，实话实说，而且声音洪亮，加快语速。

（3）准备一份概要，并辅以背景资料，重点描述行动结果。

（4）行动要有计划，计划要严格高效。

（5）处理问题要及时，阐述观点要强有力，但不要挑战他的权威地位。

（6）从结果的角度谈，而不谈感受。

（7）他讨厌别人告诉他应该怎么做，应提供两到三个方案供其选择。

（8）增强眼光接触的频率和强度，身体前倾。

三、表现型员工的特征及相处之道

1. 表现型员工的特征

表现型指果断性与情感性均强于半数人的行为风格。其特征如下：

（1）乐于表达感情，表情丰富而夸张，动作迅速，声音洪亮话多，灵活，亲切。

（2）精神抖擞，充满激情，有创造力，理想化，重感情，乐观。

（3）凡事喜欢参与，愿意与人打交道，考虑人的因素，害怕孤独。

（4）追求乐趣，敢于冒险，喜欢幻想，衣着随意，乐于让别人开心。

（5）只见森林，不见树木。

（6）通常没有条理，愿意发表长篇大论，作息时间缺乏规律，轻浮，多变，精力容易分散。

2. 表现型员工的主要需求

（1）公众的认可和鼓励，热闹的环境。

（2）民主的关系，友好的气氛。

（3）表达自己的自由。

（4）有人帮助实现创意。

3. 与表现型员工相处的窍门

（1）声音洪亮，热情，微笑，建立良好的关系，表现出充满活力，精力充沛。

（2）大胆创意，提出新的、独特的观点，并描绘前景。

（3）着眼于全局观念而避免过小的细节。

（4）如果要写书面报告，请简单扼要，重点突出。

（5）讨论问题反应迅速及时，并能够作出决策。

（6）夸张的身体语言，加强目光接触，表现出积极的合作态度。

（7）给他们时间说话，并适时称赞，经常确认及简单地重复。

（8）要明确目的，讲话直率，用肯定而不是猜测的语气，注意不要跑题。

（9）重要事情一定以书面形式与其确认。

四、顺从型员工的特征及相处之道

1. 顺从型员工的特征

顺从型指果断性弱于半数人，情感性则强于半数人的行为风格。其主要特征如下：

（1）善于保持人际关系，忠诚，关心别人，喜欢与人打交道，待人热心。

（2）耐心，说话和走路速度慢，有较强的自制力，能够帮助激动的人冷静下来。

（3）体态语言少，面部表情自然而不夸张。

（4）不喜欢采取主动，害怕冒险，只要合情合理，都愿意接受。

（5）非常出色的听众，迟缓的决策人，对别人的意见持欢迎态度，并善于将不同观点汇总后被各方面的人接受。

（6）重视人际关系，富于同情心，并愿意为之付出代价，由于害怕得罪人，而不愿意发表自己的意见。

（7）衣着随意，喜欢唠家常及谈论闲闻轶事，利用时间不规律。

2. 顺从型员工的主要需求

（1）安全感及友好的关系。

（2）真诚的赞赏及肯定。

（3）传统的方式，规定好的程序。

3. 与顺从型员工相处的窍门

（1）热情微笑，建立友好气氛，使之放松，减小压力感，避免清高姿态。

（2）放慢语速，以友好但非正式的方式，如可以谈谈生活琐事，特别是关于你的个人情况。

（3）提供个人帮助，找出共同点，建立信任关系，显出谦虚态度。

（4）讲究细节，淡化变化，从对方角度理解，适当地重复他的观点，以示重视。

（5）决策时不要施加压力，不要过分催促，更不要限制严肃的期限。

（6）当对方不说话时，要主动征求意见，对方说话慢时，不要急于帮对方结束讲话。

（7）避免侵略性身体语言，如阐述观点时身体略向后倾。

行为风格四种类型性格

分析型的人考虑存在什么问题，顺从型的人考虑如何达到目标，表现型的人对问题喜欢高谈阔论，结果型的人对问题当机立断。

第三节　了解班组群体结构

班组群体的形式主要是指班组的年龄结构、知识结构、智能结构、专业结构、素质结构，当然也包括性格结构、观念结构等。了解班组群体结构，对于班组长针对性的管理，具有重要意义。

一、把握班组年龄结构

大至一个社会、一个单位，小至一个家庭，都是由老年、中年、青年等不同年龄的人所组成的。在一个班组群体中也是如此。

不同年龄的人既有不同的智力，也有不同的智能。有的任务需要老年人来承担，有的工作则需要中年人与青年人去完成。特别是对于正式群体，比如领导集团，应有一个完整的年龄结构，由经验丰富的老年、年富力强的中年、朝气蓬勃的青年，构成一个具有合理比例的综合体，并经常处于不断发展变化的动态平衡之中，才能按照人的心理特征与智力水平，发挥其各自的最优效能。

二、把握班组知识结构

人们的知识总是有多有少、有深有浅、有高有低的。因此，具有不同程度知识的人，在班组群体中就有一个如何最佳组合的问题。

一个群体不可能也不需要所有成员都具有同等的知识水平。倘若这样，只能构成知识的平面结构，而不能形成知识的立体结构。

一个企业必须由员工、技术员、工程师、经济师、会计师构成其知识结构。群体合理的知识结构，必须由初级、中级、高级知识水平的人，按一定的比例构成一个完整的结构，才能各尽所能，相互配合，构成一个动态的有机体。而班组则必须有各工种配套具有不同知识技能的操作员工。

三、把握班组智能结构

智能指的是人们运用知识的能力。人的智能是由多种因素构成的，主要包括自学能力、研究能力、思维能力、表达能力和组织能力。

就正式群体而言，班组在一个组织中所处的地位，所承担的职责，决定着它应具备相应的智能结构。例如，在企业的一个生产班组中，既要有有技术、有威信、有组织能力的班组长，又要有善于做群众工作、关心员工的工会小组长，再加上几位生产骨干，这个班组就一定能成为具有战斗力的群体。

四、把握班组专业结构

专业结构是指群体内各类专长的人员的比例。在现代社会里，科学技术渗透一切领域，劳动生产率要提高，科学技术进步是重要条件。

在现代化进程中，科学技术是关键。目前，学科门类已达2000种之多。一个群体合理的专业结构，对实现班组交给的任务是十分重要的。例如，一个汽车修理班组，就应该由发动机修理工、底盘修理工、直流电工、钣金工、油漆工和司机组成，才能圆满地完成汽车修理任务。

五、把握班组素质结构

素质结构是指群体中每一个人的素质，包括人的性格、毅力、兴趣、气质、风度等。如果一个群体中人与人性格不合、志趣不投、情操相悖、风格迥异，就会大大削弱群体的力量，甚至解体。

除了以上几种群体结构外，一个生产班组在考虑它的结构时，还应根据它所担负的任务来考虑人员组成的上限和下限。人员过多容易出现相互扯皮，工作效率低；人员过少又会影响效率和工作质量。

第四节　班组长团队管理要点

团队管理实质上就是提升人员的向心力，维持高昂的士气。一线班组长至少要花75%的时间和精力去和人打交道。在任何企业中，人都是最重要的因素。作为一名班组长，首先要用好人，管理好你的员工，发挥每个人的能动性，给他们创造一种好的环境，让他们舒

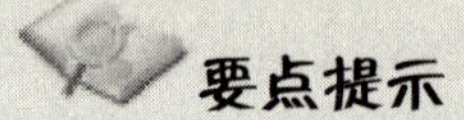

每个人都有自己的特性与特点，如敏感、速度、果断、柔和等，用好了，成为优点；用不好，则成为弱点甚至是致命的缺点。

班组长就是要发现下属的特点，开发并合理使用。

心、安心地在这里工作。

一、班组人员管理的原则

在班组人员管理中，有几个原则是班组长必须了解的。了解这些原则对于班组长在人员管理工作中会起到很好的作用。

（1）人们将按照他所受到的礼遇行事，也即“种瓜得瓜，种豆得豆”；只要对一个人的能力表示有信心，就可以在实际上增强他的能力。

（2）所有人的行为都是有目的的，没有人会做没有目的的行为，即使是最优秀的人。

（3）每一个人都只是在某种程度上受到激励，没有人是根本激励不起来的。

（4）生活中每一个人都有自己的使命。

这些原则要求班组长在人员管理中应该做到：

（1）承认个人在能力和兴趣上的差别。

（2）人有着同样的基本需要，但会以不同的方式表达，而且人们赋予这些需要的重要性也不相同。

（3）要坚信，一个人的地位不管多低多高，都应该得到同等的尊重。

（4）把职能和权威分配给员工，让他们做好自己的工作。

（5）形成一种对于人本身的态度，这种态度应该是积极的、生产性的、令人满意的。

要点提示

团队成功管理的秘诀：（1）公正合理；（2）分工明确；（3）言出必行；（4）激励适当；（5）针对不同的员工，采取不同的管理方式。

二、带人先带心，虏心才能驭人

你喜欢被管吗？你喜欢被命令吗？你喜欢集权式的管理吗？既然自己不喜欢，为什么要强迫别人接受？所以，班组长人员管理的基础就是——带人先带心。

班组长取得员工信任的诀窍

（1）尊重员工。

（2）勇于承担责任。

班组长多数由上司提拔任命，原来的伙伴现在成了自己的下属，可能会引起同事的不适和抵触情绪。不用说，你原来的同事之中肯定有人认为你这个位置应该是他的，也会有人认为他比你更内行。从另一个角度来说，你的升迁就意味着他的失败，他自然会因此而嫉恨你。你要想顺利进行工作，就必须化解不服和抵触情绪。

第一，必须尊重每一个员工。

受到尊重的员工会更加努力去工作，以回报你的知遇之恩；而如果对员工心存轻视，视员工为工作的机器，员工必定会与你走向对立。

第二，勇于承担责任。

当班组中出现问题时，班组长不应推卸、指责和埋怨，而应主动承担责任，从自身的管理中寻找原因，这自然会给员工一种积极的力量。假如管理者怕承担责任，最后的结果只能是相互推诿扯皮的现象多了，敢于承担责任的人少了。这样下去，班组的成绩无法提高，最终失败的是班组长自己。

三、做事先做人，管人先管好自己

要点提示

如何做人、如何做事，代表一名班组长的基本心态、素质、条件与能力。

班组长是从事管理工作的，是管人、管事的。管人就是做人的工作，教育、培养、训练员工如何做一名对社会、对企业、对家庭乃至对个人有用的人。管事就是做事的工作，以身作则，教育、培养、训练员工如何做好本职工作，增长才干，使工作不断改进。

育人先育己，要做好别人的工作，首先要做好自己的工作，由内而外，由个人最基本的部分——观念、品德与动机做起，先审视自我，追求个人的完美才能有部门、公司的成就；先信守对自己的承诺，才能信守他人的承诺。

你要求别人如何待己，你就应该如何待人，如此你的威信自然树立起来。

第二章　提升工作能力，树立个人威信

第一节　班组长需要树立权威

作为兵头将尾的班组长，在进行班组管理时，也需要讲威信。只有树立起相应的威信，才能更好地将职工团结在自己周围，创造出适应自身环境的现代班组管理方式，班组工作也才能有条不紊、顺理成章。

一、什么是班组长的权威

威信是一种众人钦佩、敬仰的声望，是威望和信任两者的结合，是管理者在下属心目中的威望和由威望而产生的信任。

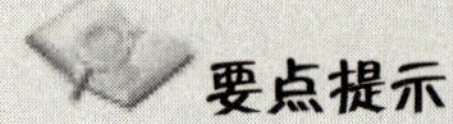

要点提示

班组长要有效地领导下属，得到下属的支持和尊重，就必须要树立自己的权威形象，从而产生“无言的召唤，无声的命令”。

如果班组长树立的形象与员工心中期望的形象相符，那么一定会得到员工的信任和拥护。要达到这一期望形象，很大程度上取决于班组长对自身形象的爱护。要树立自己的威信和形象，就要以德立威，具有政治品格和道德品质。班组长要有坚定的政治立场和敏锐的政治头脑，要有较高的理论水平和政治观念；

在复杂的形势面前，能够洞察是非、明辨方向；在工作中不谋私利、公平待人、态度和蔼、善于沟通。

班组长与主管不同，班组长不但要指挥生产，而且要直接参与生产，具有指挥者和生产者的双重身份。如果说班组长自己干工作“偷奸耍滑”、拈轻怕重，又如何带动别人呢？所以，班组长要以身作则带头干实事，为员工树立起“遇难不怕、遇险我先、遇困我上”的工作作风，如此才能更好地带动和影响职工投入生产，增加班组的凝聚力和战斗力。

二、班组长权威的来源

1. 以能树威

不言而喻，谁也不愿意自己的班组长是个“草包”。一个班组长必须具有一定的知识素养和技术水平，在专业方面达到较高的层次，成为本部门、本行业的内行，才能享有较高的威信。

要点提示

班组长的能力是对组员形成影响和产生吸引力的第一要素。

2. 以信取威

诚信是金。古人云：“言必信，行必果。”言必信就是说话一定要讲信用，不食言，不说空话、假话，只有这样才能获得员工的信任。

3. 以情立威

情就是上下级之间、领导和群众之间同志式的感情。这种感情是建立在相互支持的基础之上的。有了这种感情，领导和下级就能同甘共苦，甚至生死与共。

4. 以才助威

一个才华横溢的班组长，可以使人产生一种信赖感和安全感，即使在非常困难的情况下，员工也会同心同德地跟着他去战胜困难。

5. 以勤增威

班组长要与员工交朋友，及时发现和帮助员工解决生产、工作、学习和生活中的各种实际问题，协调关系，解决矛盾，拉近与员工的关系。身为一班之长，不主动去学习先进的班组管理经验，不尝试新的工作方法，班组工作理所当然不能顺利开展。组员也不会以你为榜样，所谓的威信就肯定没有。

6. 以廉生威

管理者要建立自己的威信，必须把廉洁作为一个自我修养的主要方面，坚持艰苦朴素，反对奢侈浪费，不为金钱所惑，不为物欲所误。

7. 以公助威

在工作中要做到公正、公平、公道，切忌亲我者近之，疏我者远之。用人唯贤，不要任人唯亲。

8. 以新创威

班组长要在尊重科学、尊重规律的基础上不断创新管理、创新技术，创造性地开展各项工作，使企业在市场竞争中永远立于不败之地。

班组长们要想更好地将职工团结在自己周围，就得树立起相应的威信，创造出适应自身环境的现代班组管理方式。那么，班组工作也就会更加有条不紊、顺理成章。

三、卓越班组长的素质要求

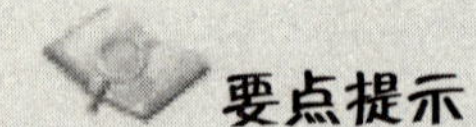

要点提示

俗话说“身教重于言教”，班组长在员工中树立什么样的形象，具有很强的导向作用。

一个优秀的班组长应该具备这五种基本品质：

一是向员工显示出他们对公司和员工的关心。

二是他们能明确告诉员工，公司的目标是什么。

三是他们能让员工明白，在公司内部人人平等，遵守制度和违反制度、努力和懈怠的后果是不一样的。

四是善于抓住公司发展的时机。

五是能和公司一起承担风险。

而其中最后的两项，都需要有敢做敢当的管理魄力。

班组长的敢做敢当，不仅仅表现在大胆开拓和承担责任上，还表现在自我的品德塑造上。班组长敢做敢当就不会揽功推过，不会文过饰非，也不会护短遮丑；而是实事求是、实实在在地把工作做好做实做优秀。这样的班组长，他的人格魅力可以为他赢得更多的尊重，更多的服从，更多的追随者。

如果一个班组长有强烈的责任感、使命感，全心全意为员工服务，公平待人，态度和蔼，善于沟通、协调人际关系，又具有鲜明的个性特征和高尚的道德品质，那么他的威信肯定高，影响力肯定强。

第二节　搞定问题员工，建立个人威信

如何管理好问题员工，使之成为高效员工，是班组长必须面临和解决的问题。但问题员工无所不在，这就需要你加以正面引导，转化其问题为长处加以利用。否则你的管理一定会出麻烦。

一、如何应对情绪不稳定型员工

1. 工作情绪不稳定型员工的优缺点

（1）缺点。

这种问题员工在现在的班组中最为多见。

①工作情绪不稳定，忽冷忽热。“热”起来埋头苦干，废寝忘食，成绩

也非常出色；但“冷”起来，又散漫松懈，毫无斗志。

②视工作为磨难，在工作中寻找不到乐趣。但这类员工不会轻易丢开工作，因为工作是他谋生的手段。他们往往没有吃苦精神，没有挑战困难的勇气，而对享受垂涎三尺，并精通“玩术”，凡能使他得到乐趣的地方，他都会不惜代价，亲自去体验一番。

（2）优点。

工作情绪不稳定的员工也有他的优点，例如性格开朗，惹人喜爱，并且重感情，善交际。

2. 应对技巧

这种人并非无用之才，如能量体裁衣，给他选择一种适合他的岗位，挖掘他的潜力，他就能够做出成绩。

二、如何应对“硬汉”型员工

1.“硬汉”型员工的优缺点

（1）缺点。

这种人一般不讨班组长喜欢，因为他爱当面提意见，并且毫不含蓄，批评班组长也不避讳，常使班组长感到难堪。

（2）优点。

“硬汉”型员工在工作上很有个人原则，不轻易接受失败的人。这种人个性很强，有自己独立的见解，他们性格直爽、坦诚，说话从不拐弯抹角，头脑清晰，思维敏捷，遇事果断。他从不会被困难吓倒，不会因一时的挫折而情绪低落，一蹶不振。

这种人优点很多，但在班组内的日子并不好过，那些懒散的职员憎恨他，那些无才无学的人妒忌他，那些阿谀奉承上司的人疏远他，使其找不到用武之地。

2. 应对技巧

对于“硬汉”型的员工，如果开发得当，对班组的工作会非常有用。称职的班组长不但会用这种人才，还会栽培改造他，给他一些私人辅导，使他在待人接物、应付人际关系时掌握一定的技巧。对于那些有才识但性格耿直的“硬汉子”，成功的班组长是不会计较他的出言不逊的，因为他有才识，是班组长最器重的难得一求的“千里马”。

三、如何应对旧同事的刁难

当你成为班组长后，当初在一条生产线上共患难的同事，如今就变成了上下级关系。看着你的升迁，有些原来的同事会因种种原因刁难你，碍于情面，你会不知如何应对这种情况，但为了班组任务的完成，你又不得不采取一些必要措施。如何应对这类员工呢？

通常来说，旧同事的刁难，主要是他们的嫉妒心理作祟的缘故，并无实质性的利益冲突，一般表现为：不搭理、不配合、不理睬。这时候完全取决于你的心态和处事方式，处理得好，你的前路将越来越宽；否则，你将只能越来越举步维艰。

总体来说，这种刁难，不是太恶意的，对于这种不太严重的冲突，该怎么办呢？最好的方法是回避，回避不是置之不理，回避是指不正面冲突，而是侧面去融化和消解，因为有更多的眼睛在注视着事态的发展。

1. 应对昔日竞争对手的技巧

出现这种现象时，班组长需要有三种心理准备：自信、大度和区别对待。

对于昔日的竞争对手，最要紧的是让他感觉到挣回了“面子”。因此，切记“宜软不宜硬”，对他的敌意和怠慢不以为意，反而更加以谦虚的态度，尊重的语气，向他委派任务，下达指令，临了说一句“这种问题，你是最拿手的了，全靠你了”，效果一定不会差。让他感觉到你的真诚，是对他失意心情的最大安慰了。退一万步讲，万一他不领情，你也赢尽了印象分，即使你处分他，支持率也会上升的。

最忌的就是以硬制硬，还以眼色，逞一时意气之争，认为自己现在作为一个上司尊严是多么重要，而他作为一名员工是多么渺小，“还以为我是从前的我，不给他点厉害看看，都不知道自己姓什么”，然后用手中的权力去处罚他。也许你一时赢了一口气，但你可能输掉了所有的支持和同情（如果本来是员工无理取闹），更有甚者，如果上司不支持你的做法，那么你连下台的台阶也找不着了。

2. 应对昔日好友的技巧

升任班组长后，无论你如何地平易或亲和，终会有一天必须以工作关系与昔日好友相对，所以自你上任的第一天起，就做好失掉旧时好友的准备吧。

昔日好友为何会故意刁难你呢？除了嫉妒心理之外，再者就是有人为避免沾你的光的嫌疑，从而有意地拉开距离，反应激烈的就会以“故意刁难”来表明立场，与你“划清界限”，这便是旧同事刁难的第二大原因。

对待这类员工，既然他刻意与你保持距离，你只要记住“一视同仁、公平公正”的原则就对了，反正他要的就是这效果。如果不能，就不偏不倚，就事论事，一定不对他格外施惠就对了。

这时应用的处理冲突的对策是：

（1）可选择回避，不理睬、不处理，当刁难仅是冲着你个人来的时候，回避可显示你的气量。

（2）采用强制办法，当刁难损害到你的工作业绩时，就要严肃处理。

四、如何应对吊儿郎当的员工

在班组你经常会见到这样一些人：他们在班组工作一般超过两年，平时大错不犯，小错不断，从不在你表扬的名单里出现，也不足以充当你的反面教材，管理起来比较头疼。

这种吊儿郎当的员工也有其优缺点：

（1）优点是通常大多掌握某一项技能，对本职工作熟练。

（2）缺点是这类人一方面自恃有两手，另一方面又升迁无望，前途暗淡，故而态度消极，心不在焉，凡事无所谓，而且他们通常因资格老，不将新上任的班组长放在眼里。

这种不冷不热、吊儿郎当的态度，其实是一种自卫和赌气的过程。“反正我就这样，你能把我怎么样？”但是，他们也不会轻易以身犯险。对于这样的员工，班组长要掌握好底线：只要不影响工作的最终成果，就什么措施也不需要采取。你的任务是完成工作，管理员工只是完成工作的手段而已。

1. 先礼后兵

（1）给予足够的尊重与关注。

他们作为问题员工已被忽视了很久，而且他相信你一定已经从前任那里知道了他的作为。所以，他一定戒备地试探着，或一味地冷漠着，等待你来打开那心底的坚冰。这坚冰非一日之寒，不要期望你一两次的交流沟通就能成功，一定要坚持下去。

这种尊重和关注，应着重在他的优势方面，如作业技巧、熟练程度等，给他机会成为实操的培训示范者，甚至是技能讲师等，把他从抗拒的观众变成演员主角，人一旦愿意站在众人目光之中，他一定会不由自主地把自己变成众人心目中期望的那一种人。

另外，有时员工表现得吊儿郎当其实也表明他希望得到别人的重视与关注。要记住，对他们的成绩要予以肯定，与他们相处要平等诚恳。

（2）趁热打铁。

但是，为了防止他故态复萌，你应该趁热打铁，明确地告诉他你的要求和期望，恩威并施，彻底地收服他的心。这当然是我们最希望看到的情形。

（3）最后通牒。

当然，总会有少数员工软硬不吃，我行我素。这时候，你应当黑下脸来，坚决制止相关行为："老刘，这一段时间，你的进步不大，5S 评比你排到最后，迟到次数也是数一数二，我不能容忍这种情况再持续下去了。如果情况还没有改善的迹象，我必须要严厉地处罚了。"

2. 调离

如果警告和处罚都无济于事，你还有一个选择，就是：调离原岗位。

这些员工之所以吊儿郎当，正是因为他对岗位技能的熟练掌握或应用，你一旦将他调离他所擅长的领域，他又得去适应新的变化，学习新的技能，根本没有原先的能耐，其工作态度必然会大为改观的。

3. 让他离开

这是最不得已的下策。我们一般不希望用到第三招。试想，如果这次你没有处理得让大家心服口服，那么下次还会有这样的事情发生，如果经常有这样的事情发生，你都让他们离开吗？

五、如何应对班组的"刺头"

任何团队中都有些这样的人，他们个性鲜明、桀骜不驯、难以掌控，喜欢按照自己的方式行事，在自己的领域内出类拔萃，但往往不顾及团队的合作，这样的人常被称为“刺头”，最令班组长头疼。

这些恃才傲物的“刺头”，无视团队的共同努力，是团队分裂的主要因素，这些聪明的、抱持个人主义，但却不合群的“刺头”的存在，严重打击了团队的互助合作精神，他们我行我素，但是其优异的个人表现，常会成为他们逃避责任的护身符，甚至获得上一级管理者的欣赏，使你无可奈何。

如果说应对“吊儿郎当”的员工主要是以批评甚至处罚为主的话，那么对“刺头”则更多的是需要应用激励手段了。

1. 以其人之道还治其人之身

这必须建立在对此员工充分了解的基础上。

（1）以恶治恶。

某员工工作极尽勤勉，交给他的工作不用跟催，都能完成得很好，就是态度恶声恶气，对谁都不买账，与之工作有联系的人都怕同他打交道。这时可将其特意安排在一个以严厉著称的小组长之下，并安排另一个同样态度粗暴的人与之搭档，利用员工之间的摩擦来制服或点醒他。

（2）以懒治懒。

有的员工技能很好，但就是爱偷懒。不如将两个懒人编在一组，规定各项硬性指标，工资如能配合计件更好，让他们互相监督，互相跟催，完不成任务，两人都要受罚，不用你多操心，保证他们都会变得勤快。

（3）以能治能。

你能是吧，总会有人比你更能，但不是每个能人都是“刺头”。因此，调另外一个更有能力的来管制你，你会的，他都会；你能的，他也能；你不能做到的，比如更合作，更主动，他也能做到，那你还有什么话说?

上述手段，只要适宜对路，一般都能用其所长，克其所短，你可以不用出面，就化解了可能存在的与你正面的冲突。

2. 以德服人，以才服人

这是对身为班组长的你个人能力的一个挑战，也是树立你威信的大好机会，在动用此招前，你可得掂量掂量自己的分量，够称才好应战。

以德服人，考验的是身为班组长的你的胸怀，好的管理者，不一定是身怀绝技的人，但成功的管理者，一定是心胸开阔的人，如果你不能容纳超过你的下属，不能肯定下属的成绩、尊重下属的劳动、宽容下属的无心之失、赞扬下属的过人之处，你的“仕途”也就到此为止了。

以才服人，在适当的时候露两手给他瞧瞧，告诉他你能够做到班组长，就因为你有那么几下子！

3. 进行冷处理

即利用团队的力量，让其成为团队中“不受欢迎的人”，让他体味到在团队得不到支持与配合时的窘境。

下次当他再有所动作时，你可试着改变策略，视而不见，让员工诉说因他的不合作造成的不便、困扰和麻烦。相信他会因着自己被团队抛弃得不到协作时的苦恼而心有所动，有所改变的。

记住，有缺点、有个性的员工是班组的宝贝，把对他们的冲突管理看成是对自己的考验，只要你能很好地处理各种不同的员工的不合作，你的管理水平自然会更上一个台阶。

六、如何应对自以为是的员工

1. 自以为是型员工的优缺点

（1）缺点。

有些人天生活跃，性格开朗乐观、大胆，敢于打破常规，认为天下没有不可能的事。但他们又喜欢以自我为中心，不喜欢别人的劝告，总以为自己的方法永远是正确的。

这种人发展到极端就是个人崇拜主义，爱犯的错误就是极端冒险主义。他们往往只注意到自己，而不顾他人情绪，因而极易引起大家的反感和不满。

（2）优点。

这种人在工作上对自己充满信心，对所有的事情都采取攻势。对新东西尤其感兴趣，并且总要探个究竟。他们相信自己的一切能力，他们会认为主宰自己命运的就是自己。

2. 应对技巧

使用这种人时，应该认真扶持，让他们参加新产品小批量试制、QC 小组等小集团活动，以最大限度发挥他们的作用。如果想提拔这类人做小组组长，必须对他们进行成熟教育，指出弱点，使他们逐步做到自我完善。

七、如何应对爱打“小报告”的员工

爱打“小报告”的员工并不多，但当了几年班组长，你总会碰到那么一两个。通常这种员工很让班组其他成员所鄙视。但有些班组长似乎也会欣赏这种员工。

对待这类员工班组长要谨慎、小心，有时候，员工的“小报告”能够提供给班组长很多班组长没有掌握的信息；有时候，员工的“小报告”会造成整个班组人际关系的紧张。

对于爱打别人“小报告”的员工，处理方法有三种。

1. 冷处理

对这种员工的处理的原则与要点首先是以冷处理为主，即以不冷不热的态度对待该员工，让他最终明白自己的立场与想法，逐渐改掉这种爱打“小报告”的毛病。

2. 调整管理理念与风格

班组长要适当调整自己的管理理念和风格，慎重处理所收集的信息，千万注意不能偏听偏信，要在班组内创造融洽和谐的工作气氛，减少员工们彼此之间的对立与摩擦。

3. 善加利用

班组长可以适当地利用员工喜欢传播的性格，干脆以小道消息的方式让他帮你传播一些“正道”信息，一则满足他的嗜好，二则为正式方案的出台预演和过渡。

八、如何应对循规蹈矩型员工

1. 循规蹈矩型员工的优缺点

（1）缺点。

有些班组员工天生缺乏创意，喜欢模仿他人，做人、处世的方法和语言都按照别人的样子，既没有自己的主见，也没有自己的风格。在工作上没有现成的规矩，他就不知该如何行事。这种人往往在工作上没有突破性的发现，对新事物、新观点接受得较慢。这类人墨守成规，实际情况发生变化时，他们不知道灵活运用，只是搬出老皇历，寻找依据。他们难以应付新事物、新情况。

（2）优点。

但这种人也有他们的优点，他们做事认真负责，易于管理，虽没有什么创见，但他们一般不会发生原则性的错误。一般的事情交给他们去办，他们都能够按照班组长的指示和意图进行处理，往往还能把事情做得令班组长十分满意，难以挑剔。

2. 应对技巧

班组长如能把一些不反常规的琐事委派给这类人，他们就能够按照班组长的指示，模仿班组长的做事风格，搬用班组长的做事方法，把事情完成得非常符合要求，因而也就能令班组长放心和满意。

九、如何应对勤奋而低效型员工

1. 勤奋而低效型员工

（1）缺点。

有些人非常勤奋地工作，仿佛时间从来都不够用一样，上班时最早到班组，而下班时别人都走了，他们还埋头工作，不知疲倦，丝毫不敢稍许怠慢。但检查起他们的工作效率时，却令人吃惊，他们的工作效率极低。

（2）优点。

这种人往往非常热爱自己的工作，视工作为生命，视工作为乐趣。他们不管工作成绩如何，因为工作过程本身已经给了他们很大乐趣。

这类人一般不爱搬弄是非，也不爱出风头，他们一心一意地埋头工作，对于工作以外的其他事绝不多问。在他们心中，把工作做好便是至高无上的目标，其他的问题一概不管。

2. 应对技巧

这种人因为他们兢兢业业、废寝忘食的工作精神可做大家的楷模，应给予他们物质上和精神上的奖励。所以，一定要正确使用这类人，多称赞他们的工作精神，把他们安排去一些烦琐但又无关紧要的工作。

第三章 合理派工用工，打造高效班组

第一节 定员与任用管理

员工定岗可以让员工在一段时间内固定在某个岗位作业，能使其尽快熟练作业技能；有利于保证管理的可追溯性，能够责任到人，做到业绩好管理、问题好追查；有利于提高和稳定员工的技能，确保安全生产、产品质量和产量；也有利于工作安排和人员调配的效率。

一、班组员工定岗的原则

根据员工的身体状况、技能水平、工作态度，以保证质量、产量和均衡生产为指标，可按照下述原则进行定岗安排。

1. “适所适才”原则

根据岗位需要配备适合的人员。

2. “适才适所”原则

根据个人状况安排适合的岗位。

3. “强度均衡”原则

各岗位之间适度分担工作量，使劳动强度相对均衡。

二、班组长如何进行劳动定员

班组是企业劳动组织的基本形式，主要根据工艺规程和劳动定员做好定人、定机、定活，班组工作做好了，就为做好整个企业工作创造了条件。

定员可以有计划地根据需要招收员工，组织员工培训，进行必要的人员分流与储备。

班组定员工作最后的决定权在于企业人力部，但班组长应该对定员工作有清楚的了解，特别是在因产能扩大或订单增加等情况下，班组长有责任确定班组需要增加多少员工，以向上司作出申请。

1. 班组定员工作范围

企业的职工按工作岗位可拆分为：工人、学徒、工程技术人员、管理人员、服务人员和其他人员，前 5 类人员是企业进行正常生产所必需的，都属于定员范围，其中前 2 类是班组定员工作的范围。

2. 班组定员方法

劳动定员的方法有：

（1）按照劳动效率定员。

（2）按照看管设备定员。

（3）按照岗位定员。

（4）按照比例定员。

（5）按照组织机构、职责范围和业务分工定员。

班组长需要掌握的是第一种方法：按劳动效率定员。具体方法如下：

定员人数 = 生产任务 ÷（工人劳动效率 × 出勤率）

三、班组长如何任用班组员工

1. 新招聘员工任用条件

班组员工大多由外招聘而来，使用这些员工有诸多限制，一般地，其限制条件如下：

（1）招聘的工人，须见习 2 个工作日后方可开始试用。

（2）招聘的技工，须见习 3 个工作日后方可开始试用。

(3) 招聘的调试员，须见习4个工作日后方可开始试用。

(4) 招聘的检查员，须见习4个工作日后方可开始试用。

(5) 招聘的修理员，须见习5个工作日后方可开始试用。

(6) 技工、检查员、调试员之间互调，须至少见习3个工作日。

以上人员无特批，不能超越这些底线。

2. 内部员工提升与任用

提升并任用班组内部的优秀员工也有诸多限制条件，具体如下：

(1) 员工提升技工，须连续良好工作3个月以上，无任何违规记录。

(2) 员工提升调试员，须连续良好工作3个月以上，无任何违规记录。

(3) 员工提升检查员，须连续良好工作3个月以上，无任何违规记录。

(4) 员工提升修理员，须连续良好工作6个月以上，无任何违规记录。

以上人员无特批，不能超越这些底线。

请注意，当技术工人降职为普工后，须见习半个工作日后方可开始工作。

第二节　如何安排员工轮班

工作轮班是指在分工的基础上，把为完成某项工作相互协作的有关工人，从时间上组成几个班次的劳动集体。工作轮班是分工协作在时间上的联系。班组长对轮班组织工作的组织，主要内容包括：合理安排各班工人的倒班；合理组织工人轮休；合理配备各班人员力量；加强夜班生产的组织领导；划清各个轮班的责任，建立严格的交接班制度。

一、如何安排工作班制

1. 单班制

每天只组织一班生产。它有利于职工的身体健康，便于进行人员与生产管理。但是会造成设备、厂房闲置，不能充分利用。

2. 多班制

每天组织两个或是两个以上工作班生产。又可分为两班制、三班制、四班制。

两班制：早、中两班，每班 8 小时。

三班制：早、中、晚班，每班 8 小时，中晚班可少于 8 小时。

四班制：每个工作涉及四个班组，共同有效进行作业。

实行单班制还是多班制，主要取决于工业企业生产工艺的特点。工艺过程不能间断，必须连续生产的，例如电力、化工、石油、冶金等企业，必须实行多班制。工艺过程可以间断的，例如机械制造、纺织等企业，可以实行单班制或多班制。由于单班制不存在轮班工作的组织问题，所以轮班工作法只适用于实行多班制生产的车间或班组。

二、多班制生产有何要求

实行多班制生产，必须做好工作轮班的组织工作。要求做到：

（1）合理安排轮班，保证员工身体健康。

（2）各班员工均衡配置。

（3）加强夜班生产的组织与服务。

（4）严格交接班制度。

三、如何安排倒班和轮休

轮班工作的组织需要解决的主要问题有两个，即如何倒班和轮休。

1. 倒班

在实行多班制的情况下，例如在三班生产情况下（一般夜班为 0 ~ 8 时，早班为 8 ~ 16 时，中班为 16 ~ 24 时），由于各个轮班的工作条件有很大差别，特别是进行夜班生产对工人的生活和健康有较大影响，所以不能固定地由某一些人长期做同一个班次，必须在各班工人之间定期倒换班次，即进行倒班。

倒班的方式有两种：

（1）正倒班，即在轮换班次时，各个工作班都按夜、早、中的正顺序倒班，即原来上夜班的倒早班，上早班的倒中班，上中班的倒夜班。

（2）反倒班，即在轮换班次时，各个工作班都按夜、中、早的反顺序倒班，即原来上夜班的倒中班，上中班的倒早班，上早班的倒夜班。这两种倒班方式，分别适用于不同的条件，但一般以正倒班为好。研究证明，正倒班与人体生物钟的顺转相符，有利于解除工人的疲劳。

2. 轮休

在实行多班制的情况下，如果全年内每天都组织生产，公休假日和法定节日也不间断，员工就无法实行统一的公休日。这就必须配备替班人员，组织轮流休息，简称轮休。合理的轮休组织，应该符合以下原则：

（1）要保证公休日的生产工作照常进行，并有利于加强各项组织和管理工作。

（2）要保证员工按国家规定的公休日数休息，并合理安排连续夜班的次数和在倒班时得到充分休息，以利于员工的身体健康。

（3）要保证合理地、节约地使用劳动力，不造成人员浪费，有利于提高劳动生产率。

（4）要从生产和生活的实际条件出发，并照顾到员工的习惯和方便。

在组织轮班工作中，如果单独地组织倒班或组织轮休，方法比较简单。复杂的是在连续生产中，如何把组织倒班和组织轮休结合起来。

四、如何安排工作轮班

1. 两班制

两班制的倒班方法比较简单，一般是工人每周倒换一次班次，即这一周上早班，下一周上中班，再下一周又上早班。如果公休日工作照常进行，则在两个工作轮班里每班都配备替班人员。由于工人是工作 6 个工作日休息 1 天，故替班人员按 6∶1 的比例配备，即 6 个工人能够进行的工作配备 7 个人，其中每天都有 1 个人轮休。

2. 间断性三班制

即每天分夜、早、中三个班次组织生产，公休日停止生产，工人一起休息，公休日后倒换班次。这种方法适用于工艺过程可以间断的生产单位。

在间断性三班制中，正倒班和反倒班两种形式都可采用，因为是在公休日后倒班，可使倒班时间和公休日结合起来，有利于工人得到充分休息。但还是以采取正倒班形式为好，因为除了上述原因外，公休日前最后一班（中班）的工人，就是公休日后第一班（夜班）的工人，可以避免因为公休日全部停止生产而使工作无法交接的现象，有利于保证工作的连贯性。

3. 连续性三班制

即全年内除设备检修等时间外，每天全部分夜、早、中三个班次组织生产，公休假日和法定节日也不间断，这种方式广泛实行于生产过程不允许中断的企业。实行连续性三班制，除了必须正确解决倒班问题外，更要合理地组织工人轮休。按照轮休方法的不同，连续性三班制又分为三班轮休制、三班半轮休制、四班轮休制（即“四班三运转”）三种。

（1）三班轮休制。

即在3个工作轮班里每班都配备替班人员，替班人员按6:1的比例配备，7个人中每天都有1个人轮休。实行三班轮休制不宜采用正倒班的方式，因为正倒班时必然有一个班（中班倒夜班）要连续工作16小时，不利于工人健康。所以，应如下表所示，采用反倒班的方式。这样做能解决工人的轮班问题，但有两个班在倒班时（中班倒早班，早班倒夜班）相隔时间只有8小时，工人休息不够充分，同时，工人还要连续上6个夜班。这是这种轮休制度的主要缺点。

表3－1　三班轮休制的倒班方法

星期 班次	1	2	3	4	5	6	日	1	2	3	4	5	6	日	1	2
员工1	○	早	早	早	早	早	早	○	夜	夜	夜	夜	夜	夜	○	中
员工2	早	○	早	早	早	早	早	早	○	夜	夜	夜	夜	夜	夜	○
员工3	早	早	○	早	早	早	早	早	早	○	夜	夜	夜	夜	夜	夜
员工4	早	早	早	○	早	早	早	早	早	早	○	夜	夜	夜	夜	夜
员工5	早	早	早	早	○	早	早	早	早	早	早	○	夜	夜	夜	夜
员工6	早	早	早	早	早	○	早	早	早	早	早	早	○	夜	夜	夜
替休日	早	早	早	早	早	早	○	早	早	早	早	早	早	○	夜	夜

（2）三班半轮休制。

即在3个工作轮班里，不配备替班人员，另外配备半个班来替换轮休，故称三班半轮休制。由于三个工作轮班多配备半个班，故替班人员也是按6:1

的比例配备的，每天有半个班的工人轮流休息。

实行三班半轮休制时，通常将3个工作轮班每班分成两组，加上替班的半班为1组，共7组，一般采用的轮休方式如下表所示。这样每个组都是工作6个工作日后休息1天，倒班的时间都在公休日后进行，可保证工人得到充分的休息。缺点是在每个轮班工作的不是固定的2个组，因而给管理上带来了不便。

表3-2　三班半轮休制倒班方法

星期 班次	1	2	3	4	5	6	日	1	2	3	4	5	6	日	1	2	3	4	5	6
甲班1组	○	夜	夜	夜	夜	夜	夜	○	早	早	早	早	早	早	○	中	中	中	中	中
乙班1组	夜	○	早	早	早	早	早	早	○	中	中	中	中	中	中	○	夜	夜	夜	夜
丙班1组	早	早	○	中	中	中	中	中	中	○	夜	夜	夜	夜	夜	夜	○	早	早	早
轮休班	中	中	中	○	夜	夜	夜	夜	夜	夜	○	早	早	早	早	早	早	○	中	中
甲班2组	夜	夜	夜	夜	○	早	早	早	早	早	早	○	中	中	中	中	中	中	○	夜
乙班2组	早	早	早	早	早	○	中	中	中	中	中	中	○	夜	夜	夜	夜	夜	夜	○
丙班2组	中	中	中	中	中	中	○	夜	夜	夜	夜	夜	夜	○	早	早	早	早	早	早

（3）四班轮休制（即“四班三运转”）

2人组成4个工作轮班，每天按夜、早、中三个班次轮流生产，有一个班的工人轮休。替班工人是按3:1的比例配备的，因此工人工作3个工作日后可以休息1天。

由于多配1个班进行轮休，所以四班三运转便于根据需要组成多种形式。现行比较普遍的形式有以下三种：

①以4天为一个循环期，采取正倒班，每班工人按夜、早、中班顺序轮流各上1班，工作3天后休息1天。

②以8天为一个循环期，采取正倒班，每班工人按夜、早、中班顺序轮流各上2班，工作6天后休息2天，其中1天可用于组织学习或从事辅助生产活动。

③以12天为一个循环期，每班工人连续3天工作1个班次后，休息1天，再倒另1个班次。

4. 四班六小时工作制

即每天分4个班组织生产，每班工作6小时。各个班次的工作时间一般为：第一班0~6时，第二班6~12时，第三班12~18时，第四班18~24时。各班工人每周倒换一次班次，一般采取正倒班方式。

不合理派工的后果

（1）优秀员工不胜其累。

（2）一般员工失去发展机会。

（3）员工之间容易出现矛盾。

五、如何安排缺席顶位

顶位是指原先固定的作业人员因故缺席，由另外一个人代替其继续作业的行为。缺席顶位的时间通常较短，但没有规定具体的时限，在顶位人员未完全掌握作业之前，都可以认为足以处于缺席顶位状态。

1. 顶位的分类

（1）按顶位时间长短不同，可分为两种：

①短顶。

指短时间内的顶位，一般不超过10分钟（不同企业，时间规定有所不同）。上洗手间、喝水多属于这一类。

②长顶。

指时间较长的顶位，一般指一天以上一星期以内的顶位。病假、事假多属于这一类。

（2）按顶位人员的顶位次数不同，可分为两种：

①单顶。

指1个工作日内，顶位人员只对该工序进行1次顶位。

②连顶。

指1个工作日内，顶位人员对该工序进行两次以上的顶位，这种现象最为普遍。

有人就会有缺席，缺席无法避免。有的工序可暂停工作，等到本人返回后再继续，而有的工序就不行，如流水线作业，需要有人立即顶位（补缺），生产才可继续进行。

2. 安排顶位的要点

顶位人员需要具备同等的作业能力，才能保证作业品质。顶位人员如果平时没能得到良好的训练，顶位时就无法适应流水线作业强度，无法确保作业品质。

（1）培养多能工，随时替补。

有许多作业不良，就是由于顶位人员作业不熟练而造成的。平时有计划地培养全能工，是填平缺席陷阱、避过危机的有效方法之一。并要对顶位工序重点确认。

在计算作业工时、配置人数时，必须考虑缺席顶位的时间，也就是要包括多能工。

多能工人数的比例要视长顶和短顶发生的比例而定。

（2）分解工序。

有些工序的作业需要长期的经验积累，才能获得熟练的技巧。缺席顶位时多能工无法立即适应该工序的作业强度，造成堆积，而影响全工序的工时平衡，此时可用：

①人海战术。即两个人顶一个位，三个人顶一个位。

②工序转移。将部分作业内容转移至其他工序进行，或压后再做。

（3）顶位期间，重点确认。

不要以为派了个人顶位，就万事大吉了。顶位人员的作业品质是否符合要求，要确认了才知道。当作业标准发生改变，可顶位人员尚不清楚其内容时，那麻烦就大了！班组长自己要对作业结果进行定时确认，尤其是长顶，确认的频度视实际情况而定。

①起初可确认 3 ~ 5 台，隔一段时间巡查一遍，直至稳定为止。

②必要时记录相关数据，或留下样品。

（4）设置顶位标示。

①制作“顶位牌”，悬挂在该工序的显眼位置上。它可以提醒管理人员、工程技术人员、品质监察人员留意该工序的作业品质。

②也可以将顶位人员（多能工）的着装予以区别，使人从外表上一眼看出是在顶位。

③必要时可对作业对象（半成品、成品等）进行标志管理，这些标志尽可能做在二次外观（不显眼）的地方。

（5）其他要点。

①缩短连续工作的时间。

连续过长的工作时间，使得效率反而下降（除了特殊工序之外）。可每隔 2 小时就统一休息 10 分钟，此举好处在于：

·有充足的时间上洗手间，避免中途缺席。

·简单进食和饮水，恢复体力，降低作业疲劳。

·联络私人感情，预防作业时间内的“交头接耳”。

②降低产量。

每当年头年尾、重大节假日时，缺位总是很多，顶都顶不过来。当顶位工序增多，作业工时完全被打乱，每个工序都有不同程度的堆积时，为了确保作业品质，可减少投入（工时增大）。此法慎用！投入少了，就意味着整个生产计划要重新排过。

③跳空数台。

某工序的短顶实在找不到人时，在前一工序上暂停投入，直到后工序本人返回为止。不过，这样生产线便会出现短暂“真空”，要注意“真空”也会破坏工时平衡。

④缩短上洗手间的时间。

上洗手间的次数和时间很难控制，自觉性好的人总是速去速回，而自觉性差的人则会趁机休息一下，取决于当事者的实际生理需求和敬业精神。对此既不能强行限制，也不能大声训斥，有的班组长开口就骂：“懒驴屎尿多！”那样只会使事态朝更坏的方向发展，这个困扰笔者多年的难题直至一年前才有所突破，具体做法如下：

·顶位人员每人发一个秒表，将每一个被顶位人员的缺位时间如实测算和记录下来。

·每星期统计一次，按每个人缺位时间长短的顺序排列并打印出来。

·该表张贴在公共看板上或洗手间过道上，每次保留三天。

·班组长对此不作任何评价，只是定期向众人公布而已，由众人评说。

⑤开工之前，调配好顶位人员，莫等到开工之后才来找人。

班组长要早来晚走，其中的目的之一也在于此。如果自己也姗姗来迟，生产线大半会开动不了。

⑥多能工的职责不同于管理人员，两者不能混淆。

莫要以为会做就等于会管理，如果没有对多能工进行管理手法的培训，就不要授权让其从事管理工作，否则管理层次将变多，指示、反馈将更加迟缓。

⑦演练再演练。

养兵千日用兵一时，顶位人员好比消防队，不仅需要设置，更需要演练，关键时刻才能救急。

第三节　如何管理技术工

技术工是掌握和运用技能，利用知识或技能工作的人。多能工是指那些在生产作业中可以从事多种岗位操作的人员。因为他们可以被灵活机动地调遣，所以，他们是生产部的活动资源和宝贵财富，作为班组长应该多加栽培和呵护。

一、如何管理班组多能工

对多能工的管理有多种方式：

（1）挑选手脚灵活、接受能力强、出勤率高的作业人员作为多能工人选；尽可能扩大范围，让更多的人员变成多能工。

（2）建立清单，如“多功能岗位表”（格式参见例表3－3），以便于掌握现状。

（3）对他们的工作进行定时调换，以确保熟练度。

（4）注意充员，平时有意识、有计划地对其进行所有工序的培训，使其掌握作业内容并适应作业强度。

（5）必要时区别他们的强项，并注意栽培和使用。

（6）要将多能工的待遇与一般作业人员适当拉开，才能发挥多能工的积极性。但多能工之间的岗位职能的津贴要平衡化。

表 3－3　多功能岗位表

序号	姓名	AM 检查	FM 检查	CD 检查	动作检查	外观检查	备注
1		○	☆	△	√	☆	
2		○	△	√	○	√	
3		☆	√	○	√	△	
4		△	○	√	√	√	
5		○	☆	√	√	√	
6		△	☆	○	√	√	
7		√	√	○	☆	△	
8		☆	△	√	√	○	

说明：☆表示技能优异，可以指导他人；√表示技能良好，可以独立作业；△表示具有此项作业技能，但不很熟练；○表示欠缺此项作业技术。

二、如何用好技术工

在班组，技术工是具有一定技能的少数群体，所以工作上对其有一定的依赖性。班组长既需要发挥他们的创造性及独立思考能力，同时又需要用一定的纪律约束他们，管理上有一定的难度。

如何用好、管理好这些员工呢？以下几个要点可供参考。

1．班组长要放下架子

技术工具有独立的思考能力，有他们自己的价值观和抱负，他们往往和班组长一样对很多事情有深刻的认识。班组长应该放下自己的架子，与他们平等共处。

2．吸纳他们的建议

技术工对工作的开展往往有很多自己的建议，而这些建议一般又和他们的抱怨混淆在一起。班组长必须静下心来，仔细分析这些或者“酸溜溜”或者带“刺”的看法。这时你会发现，在某些问题上，他们可能比你更有见地。把他们当成与自己志同道合的合作者，会更有利于工作的开展。

3. 讨论和命令并重

技术工不太喜欢被别人命令，而喜欢根据自己的意愿去做事。但当大家在一起讨论而达不成一致时，就需要进行决策，并采用命令的方式强制执行。

4. 出现问题要敢于批评

不必担心技术工害怕批评，因为技术工对待批评可能更加理智和客观。作为班组长，只要你的批评有理有据，能把他们说服，技术工往往不但不会生气，还可能会佩服你的才能。

5. 制度的公正比合理更重要

技术工往往会抱怨他们的贡献与收入不成正比。业绩考评很难让每个人都满意，所以，制度的公正性比合理性更重要。即使某个制度不尽合理，但只要对每位员工一视同仁，往往不会产生大的矛盾。

第四节　如何用好班组临时工

临时工，是指使用期限不超过一年的临时性、季节性用工。临时工在满足公司生产、经营、管理工作不均衡时起着很大的作用。班组长要将其纳入规范化的管理轨道。

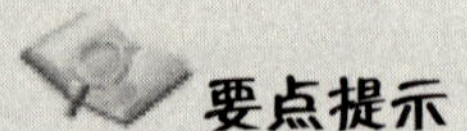

要点提示

临时工的特点是：（1）素质普遍偏低；（2）劳动纪律性差；（3）工作范围和内容很杂；（4）用工成本相对较高。

一、临时工的管理内容

由于临时性质所决定，对临时工的管理方法是与正式工有区别的。内容包括：

（1）临时工的岗前训练少，所以，要加强工作过程监控。

（2）临时的工作任务往往具有突然性，大家的认识都比较肤浅，因此，要派得力人员实施管理。

（3）最好给临时工配置专门的工衣，以示区别。

（4）工作的追溯性差，一般只通过确认结果来评价过程。

（5）通常须在专人的指导或跟踪下开展工作。

二、班组长如何管理临时工

1．加强培训与教育

严格岗位安全技术培训和劳动纪律教育，经过考试合格后建立相应的个人档案，发给所从事岗位的上岗证，方能上岗。

严格安全规程教育，刚分到班组的临时工不能单独进行操作，要加强自助保安和互助保安，形成安保网络。

2．要保护临时工的合法权益

做好临时工的劳动保护和劳动保险工作，关心他们的思想、生活等问题，消除歧视态度，为他们创造一个良好的工作生活环境，增大安全系数。

3．强化安全监督

特别要做好临时工和现场监护，既要对工作任务进行明确安排，又要对安全注意事项和事故防范措施进行交底，避免发生意外。

从班组发生的临时工安全事故原因看，一些事故和惨剧的发生，就是由于随便扩大临时工工种范围，又失去必要的工作监护造成的。有些工作本应由技术员工来做，但班组长以为临时工容易使唤，所以什么工作都叫临时工来。

4．加强对临时工的动态考核

对工作表现不好，不服从管理和对违反安全规章制度或劳动纪律的临时工要坚决予以辞退，排除安全生产中的不安全因素和隐患。

现在大量企业会雇用钟点工、兼职人员以及打短工者等非正式员工，班组长也必须面对如何管理这些员工的问题，具体管理方法可以参照临时工的管理方法。

第五节　如何进行生产派工

一、如何进行班组生产派工

日常生产派工，亦称生产作业分配，即根据生产作业计划及实际生产情况，为各个工作地具体地分派生产任务，它是生产进度（作业）控制的第一个环节。

1. 生产派工内容与作业指令

（1）生产派工内容（见图3－1）。

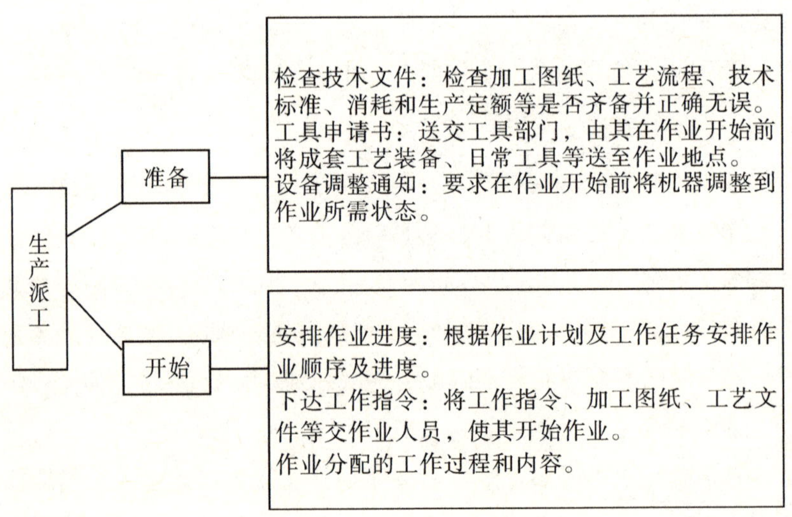

图3－1　生产派工内容

（2）作业指令。

在生产作业准备工作全部就绪或基本就绪的条件下，就可以依据已经安排好的作业顺序和进度，向各生产工人下达生产作业指令。作业指令一般采用派工单的形式（派工单又称工票或传票）。派工单是最基本的生产凭证之一。它除了有开始作业、发料、搬运、检验等生产指令的作用外，还有为控制在制品数量、检查生产进度、核算生产成本做凭证等作用。派工单的具体形式很多，有投入产出日历进度表、加工路线单、单工序工票、工作班任务报告、班组生产记录和传票卡等。

2. 生产派工方式

日常生产派工（生产作业分配），由于车间、工段、班组的生产类型不同，因而有不同的方式。

（1）标准派工法。

在大批量生产的工段、班组里，每一个工作地和每一个员工执行的工序比较少，而且是固定重复的。在这种情况下，生产派工可以通过编制标准计划的方式来实现。标准计划，又称标准指标图表，它是把制品在各个工作地加工的次序、期限和数量等全部制成标准，并固定下来。这实际上就是把派工工作标准化了。有了它，就可指导各工作地的日常生产活动，而不必再经常地分派生产任务。当月产量任务有调整时，派工的任务主要是对每日产量任务作适当的调整。

（2）定期派工法。

这种方法适用于成批生产和比较稳定的单件小批量生产车间。派工员根据月度的工段作业计划在较短的时期内（旬、周、五日等）定期地为每个作业工序分派工作任务。在派工时，要保证重点，分清轻重缓急；既要保证关键零件的加工进度，又要注意关键设备的负荷；工作的分派要注意适合设备的特点以及操作员工的技术特长。为了既考虑制品的加工进度，又考虑设备的负荷，在派工时要同时编制零件加工进度计划和设备负荷进度计划。

（3）临时派工法。

这种方法适用于单件小批量生产的车间。在此类车间里，工作地担负的制品和工序很杂，干扰因素很多，定期地安排计划的派工方式，不仅工作量很大，而且难以切合实际。因而，一般采用临时派工法。这种方法的特点是根据生产任务和准备工作的情况及各工作地的负荷情况，随时把任务下达给工作地。采用临时派工法时，任务分配箱是帮助派工员进行工作的有效工具。它能够帮助派工员有秩序地完成每个派工过程，并随时了解各个工作地的任务分配情况、准备情况和工作进度。

二、什么是生产作业指令

在生产作业准备工作全部就绪或基本就绪的条件下，就可以依据已经安排好的作业顺序和进度，向各生产工人下达生产作业指令。

作业指令一般采用派工单的形式（派工单又称工票或传票）。

派工单是最基本的生产凭证之一，它除了有开始作业、发料、搬运、检验等生产指令的作用外，还有为控制在制品数量、检查生产进度、核算生产成本做凭证等作用。

派工单的具体形式很多，有投入产出日历进度表、加工路线单、单工序工票、工作班任务报告、班组生产记录和传票卡等。

三、如何使用派工单

要做好生产派工工作，就必须对员工技术有一个相当的熟悉程度，因此，生产派工主要由各班组长协助生产主管、生产经理来完成。

当派工前的各项作业准备工作做好以后，班组长就可以依据已经安排好的作业顺序和进度，向各个生产员工发布开始作业的指令。向员工发布派工指令是通过派工单的形式进行的。

每个生产车间要选择符合自己生产特点的派工单形式，建立健全工单运行制度，并教育员工认真地执行。

派工单的具体形式很多，现在将一些主要的形式说明如下：

派工单主要有哪些

（1）加工路线单。

（2）单工序工票。

（3）工作班组任务报告。

（4）班组生产记录。

（5）“看板”。

1．加工路线单

加工路线单又称长票、跟单、工件移动单等，是企业生产部门在分配作业、下达作业指令时常用到的一种派工单的形式。它是在成批和单件生产类型中采用的作业指令形式。它是以零件为单位，综合地发布指令，指导工人根据既定的工艺路线顺次地进行加工。加工路线单跟随零件一起转移，各道工序共用一张生产指令。

加工路线单的格式之一见表3－4。

表3－4 加工路线单

产品：　　　填发日期：　年　月　日　　　　卡片编号：

<table>
<tr><td colspan="2">件号</td><td colspan="2">零件名称</td><td colspan="2">每台件数</td><td colspan="3">计划投入</td><td colspan="4">实际投入</td></tr>
<tr><td></td><td></td><td></td><td></td><td></td><td></td><td>件</td><td>台</td><td>累计</td><td>件</td><td>台</td><td colspan="2">累计</td></tr>
<tr><td colspan="2">日期</td><td rowspan="2">工序
序号</td><td rowspan="2">机床
号</td><td colspan="2">员工收到</td><td></td><td></td><td></td><td></td><td></td><td colspan="2"></td></tr>
<tr><td>月</td><td>日</td><td>数量</td><td>签章</td><td colspan="2">工时定额</td><td colspan="4">检查结果</td><td rowspan="2">检查员
签章</td></tr>
<tr><td></td><td></td><td></td><td></td><td></td><td></td><td>时间</td><td>单件</td><td>合格</td><td>返修</td><td>工废</td><td>料废</td></tr>
<tr><td></td><td></td><td></td><td></td><td></td><td></td><td></td><td></td><td></td><td></td><td></td><td></td><td></td></tr>
<tr><td></td><td></td><td></td><td></td><td></td><td></td><td></td><td></td><td></td><td></td><td></td><td></td><td></td></tr>
<tr><td></td><td></td><td></td><td></td><td></td><td></td><td></td><td></td><td></td><td></td><td></td><td></td><td></td></tr>
<tr><td colspan="3">合格入库数</td><td colspan="3">检查员签章</td><td colspan="2">仓库盖章</td><td colspan="3">入库日期</td><td colspan="2">备注</td></tr>
<tr><td colspan="3"></td><td colspan="3"></td><td colspan="2"></td><td colspan="3"></td><td colspan="2"></td></tr>
</table>

加工路线单的内容全面，既是生产作业指令，也是工艺路线和领料、检验、交库的凭证，又是作业核算和统计的凭证，起到一单多用的作用，有利于保证管理数据的一致性，有利于控制在制品的流转，加强上下工序的衔接。因此，加工路线单被成批和单件生产的企业普遍采用，作为生产作业控制的重要工具。

加工路线单的缺点是一票跟到底，周转环节多，时间长，容易丢失，不易及时掌握情况。这种形式适应于生产批量小的零件，或虽然批量大，但工序少、生产周期短的零件。如果在工艺路线较长、工序较多、生产周期较长的情况下，则因一票多序，一票流传到底，中间交接环节多而容易损失或丢失，或因时间太长而失去对生产过程的控制。所以，在实际工作中，可视不同情况，或单独使用，或分若干段使用，或与工票结合使用，以避免产生以上缺陷。

2. 单工序工票

单工序工票又称短票、工作小票、工序票等。它是企业生产部门在分配作业、下达作业指令时用到的一种派工单的形式。以工序为单位，一序一票。

其格式之一见表3－5。

表3－5 单工序工票

机床号：　　　　　　　年　　月　　日　　　　　　　票号：

<table>
<tr><td rowspan="2">产品编号</td><td colspan="2" rowspan="2">件号</td><td colspan="3" rowspan="2">序号</td><td colspan="2" rowspan="2">序名</td><td colspan="3" rowspan="2">单件定额</td><td colspan="2" rowspan="2">每台件数</td><td colspan="2">投入件数</td></tr>
<tr><td>本批</td><td>累计</td></tr>
<tr><td></td><td colspan="2"></td><td colspan="3"></td><td colspan="2"></td><td colspan="3"></td><td colspan="2"></td><td colspan="2"></td></tr>
<tr><td rowspan="2">日期</td><td rowspan="2">班次</td><td rowspan="2">操作员姓名</td><td colspan="3">加工时间</td><td colspan="2">完成</td><td colspan="5">检查结果</td><td rowspan="2">检查</td><td rowspan="2">备注</td></tr>
<tr><td>起</td><td>止</td><td>工时</td><td>件数</td><td>工时定额</td><td>合格</td><td>回用</td><td>退修</td><td>工废</td><td>料废</td></tr>
<tr><td></td><td></td><td></td><td></td><td></td><td></td><td></td><td></td><td></td><td></td><td></td><td></td><td></td><td></td><td></td></tr>
<tr><td></td><td></td><td></td><td></td><td></td><td></td><td></td><td></td><td></td><td></td><td></td><td></td><td></td><td></td><td></td></tr>
<tr><td></td><td></td><td></td><td></td><td></td><td></td><td></td><td></td><td></td><td></td><td></td><td></td><td></td><td></td><td></td></tr>
<tr><td></td><td></td><td></td><td></td><td></td><td></td><td></td><td></td><td></td><td></td><td></td><td></td><td></td><td></td><td></td></tr>
<tr><td></td><td></td><td></td><td></td><td></td><td></td><td></td><td></td><td></td><td></td><td></td><td></td><td></td><td></td><td></td></tr>
</table>

生产组长：　　　　　　　　　　　　　　　　　计划调度员：

单工序工票的优点是周转时间短，使用比较灵活，可以像使用卡片那样，按不同要求进行分组、汇总和分析。对于批量大的零件，使用这种派工单比较适宜。

其缺点是一序一票，因而填写、签发工作量大，不便于统计核对。

3. 传票卡

传票卡又称“看板”，是企业生产部门在分配作业、下达作业指令时用到的一种派工单的形式。它是一张张卡片，预先填好制品的名称、材质、重量、加工地点、运送地点、工位器具及容量等项目。每张看板固定代表一定数量的制品，例如一张一件或一张十件等。而且传票卡必须随同实物一起流转。在实际使用过程中，传票卡既是领货指令，又具有防止“过量制造”“过量运送”的作用。同时，它还是目视管理的有力工具。

第四章 加强新人管理，做好引导工作

第一节 班组长新员工管理职责

新员工由于陌生的脸孔环绕着他、对新工作是否有能力做好而感到不安、对于新工作的意外事件感到胆怯、不熟悉的人、事、物使他分心、对新工作有力不从心的感觉、不熟悉公司的规章制度、不知道所遇的上司属哪一类型、害怕新工作将会面对的困难很大等原因，管理难度与一般员工不一样，管理方法也不尽相同。这是班组长必须认识到的。

一、新员工面临的问题

1. 新员工的心理问题

现在很多企业都会招收大批“90 后/00 后”新生代，如果班组长与他们不同年代，则很有必要了解新生代新员工的特点，以更好地接受这些新员工带来的挑战。

（1）心高气傲。

这一代人从小就接受良好的教育，普遍具有高中以上学历，知识面广。再加上从小就享受着较优越的物质生活条件，经事不多，不论是求学，还是找工作，都没遇上什么挫折，人生追求的目标很大，有很强的个人优越感。

在工作中最明显的表现是：嘴上功夫不得了，什么典故、时尚流行样样都知道，周围的老同事，没有一个是他的对手，而实际上动手能力与理论水平相去甚远，有时只说不做。

对此不可“捧杀”，一味赞扬其理论高明，任其自由；也不可“棒杀”，一味打击其动手能力太差，挫伤其积极性。目前我们的教育体制，教的大多是理论知识。要使动手能力的教育接近理论水平的教育，需要时间和机会。

班组长对新员工要事先提出各种忠告，告诉新员工要避开哪些工作上的“陷阱”，事后要及时总结经验教训。如果失败，要助其一臂之力，多给一次机会，不能以一次成败论英雄！

（2）利己主义较浓。

追求绝对的务实主义，很少认同工作是为了社会、国家、民族作贡献之类的信念，而认为工作只不过是谋生计罢了。因此己所不欲之公务，难度大的工作，不愿竭尽全力主动完成，有时要在上司严令之下才去完成。

班组长要承认不同年代的人之间，在信念上确实存在着代沟，非某个人的意愿可以消除。没有必要将自己的信念强加在别人头上，只要结果达到目标要求，其他的就不要干涉。

（3）情感上时常迷惘彷徨。

当工作上出现难题，或是个人情感失落时，不愿主动向人倾诉（因此得不到别人的帮助），害怕别人知道自己的不足，而自己却摸不准方向在哪，因此内心苦闷异常。

班组长要善于看透这一点，适时提供一些有针对性的参考资料，如书籍、音像制品等，并结合自己的亲身体会，谈谈自己是怎么应付过来的。

（4）不愿意与前辈一齐活动。

参加工作的头几年，私人来往的圈子不大，大多数是三五个同学或同龄人凑在一起，别人很难插得进去。

在这一方面，与其说是指导，倒不如自己主动参与，让他们教自己怎么玩更好，年轻人永远玩在前面。在一起玩的过程中，彼此更容易相互沟通、理解，从而弥补工作时间内无法沟通的项目。

在一段时期来看，新员工不如旧人出色，这是理所当然的，但这只不过是暂时的。如果培训得当，人事考评制度完善，若干年后，他们会成为你得力的部下，甚至超过你自己，成为你的上司。新员工给公司带来新的活力，毕竟公司的未来要靠他们来支撑。

2. 新员工的行为问题

（1）不能正确地使用礼貌用语，在走道上和上司、客人擦肩而过也不打招呼。

（2）由于不知道对班组的言语措辞，所以被班组长问到“明白吗”后，只能回答“嗯，明白了”之类的话。

（3）不知道工作场所的礼仪。不知道开关门的礼貌、吃饭的礼貌、工作结果的报告方法、异常时的处理方法等。

（4）不能做实际事务，尤其是刚毕业的学生。

（5）由于被斥责少，所以一被上司注意或斥责，就容易变得消沉或极端地反抗。

（6）开会时随意和旁边的人说话。

（7）对不熟练的作业，会凭自己的一点经验和知识就去做。

（8）工作进行不顺利就埋怨别人，既不谦虚地进行自我反省，也不考虑防止再次发生的对策。

（9）不知道团队如何协作，也不去考虑。

3. 新员工的职场问题

新员工大都是满怀着美好希望和憧憬进入企业的，但对工作现场基本上一无所知，所以他们往往会感到不安和不知所措。新员工进入公司大多面临着以下问题：

（1）陌生的脸孔和陌生的工作环境。

（2）对新工作是否有能力做好而感到不安，对于新工作的意外事件感到胆怯。

（3）对新工作有力不从心的感觉，害怕新工作的困难很大。

（4）不熟悉的噪声使他分心。

（5）不熟悉公司法令规章。

（6）不知道所遇的上司属哪一种类型。

二、班组长管理新员工的职责

班组长对新员工的基本责任是为新员工的生产工作做好准备，包括引导和培训新员工。对于新员工，班组长代表管理层、部门和班组进行管理，具体责任有：

（1）提供有关工作、部门和组织的信息。

（2）按工作所需适当地培训员工。

（3）保证待遇公平。

（4）提供新员工所需的帮助及与工作有关的指导。

（5）如有需要把新员工介绍给人事部门和其他部门。

三、班组长管理新员工有哪些具体工作

1. 新员工管理过程

班组长对新员工管理的具体工作大多要涉及以下过程：

（1）工作要求与职务安排。

（2）提供职位及技术需要的资料。

（3）员工定位（引导）与培训。

（4）部门内部的安排。

班组长一般不参与新员工工作评价、工资评定及招聘工作。

2. 班组新员工引导

（1）新员工引导程序主题。

新员工总有一种理所当然的心态，不愿意接受批评，实际工作能力差，眼高手低，习惯性地评论多，办事少，这些情况正是班组最忌讳的。一般能够做班组长的人，业务能力都比较强，在公司工作也有些年头了，他可以充分发挥经验丰富的优势，带动新员工迅速熟悉环境，熟知工作程序。

绝大多数组织都有一个系统的正式程序，包括手册及类似的资料。新员工引导程序一般包括以下主题：

①欢迎，介绍。

②总体工作简介及参观。

③政策规章。

④工资与福利。

⑤公司历史及背景。

⑥机构设置。

⑦新员工的地位——见习期，权利和义务。

⑧介绍给工友。

⑨工作说明，开始上岗培训。

在上述程序中，基本的原则是从职工心目中居重要地位的事情开始，在员工具备工作条件时结束。不管公司的制度如何，一线管理者都要有信息及清单。使用信息及清单班组长可以确定自己是否全面掌握了重要的引导范畴，也有助于班组长计划自己在这个程序中的位置。

（2）新员工引导计划清单。

班组长在新员工引导程序中的作用因组织不同而有不同。班组长可以完成整个引导过程或其中的一部分。这些工作能让新员工立即感觉到企业早已把他当作企业团队的一分子了，从而避免了新员工的陌生和孤独的感觉，为新员工早日融入企业打下了积极的基础。

表 4－1　新员工引导计划清单

程序	计划内容
新员工到达之前的准备工作	□为新员工准备一份就职计划 □确信你的计划将会使你赢得新员工的尊重 □同你的顶头上司讨论一下新员工培训时间表及程序 □把新员工介绍给将和他一起工作的班组同事 □督促其他员工满怀热情欢迎新员工 □把新员工介绍给将要和他发生联系的所有管理人员 □准备一份名单，写清楚所有班组同事的名字、工作岗位、电话号码和住址，以便新来的人尽快记住谁是谁 □给他们重要的、供联络用的电话号码，比如你的、车间主任的、保安部门的等 □向新来的员工介绍公司一些最重要、最基本的注意事项。比如，通信联络、请假制度、安全保卫保险和紧急疏散等 □为新员工准备工作服和相关的安全设施、工具和工具箱，保证他们的工作环境干净整齐，一切都已准备妥当 □告诉新员工如何使用公司的设备，比如，电话、打包机、电梯、洗手间、餐厅和安全通道等。告诉他们这些设备的具体位置 □企业的历史和产品介绍资料、员工手册和其他的福利和纪律等方面的文件 □制作好新员工的员工识别卡和考勤卡 □准备好企业的餐券

（续表）

程序	计划内容
新员工到达之前的准备工作	□指定一名热情的员工在新员工报到当天陪同新员工在餐厅一起用餐 □指定一名热情而有责任心的员工（用人部门或人力资源部门）担任新员工的“联络人”，以帮助新员工解决在开始工作后会碰到的一些日常问题 □指定一名有相关工作经验而又有热情和责任心的员工担任新员工的“师傅”以帮助新员工在工作前期尽快熟悉工作 □通知保安、前厅接待员和用人部门新员工到达的时间 □制定好新员工报到当天及其随后一周的工作安排 □如新员工是异地的，应为其准备好住房和必要的生活用品以及当地城市的地图和城市介绍手册 □检查一下清单，看有没有遗漏
到达第一天	□确认新员工报到前的前期准备工作均已落实 □在新员工到达时在企业大厅等候新员工 □与新员工商讨当天和一周的具体安排并介绍新员工培训的统一安排和日程 □陪同新员工对整个公司做一次参观 □给他们一张公司日常工作的时间表。包括规定的工作时间、午餐和休息时间，告知作息表的使用 □介绍公司的机构及所属部门 □新员工的岗位职责描述 □工资级别及其变动 □加班规定 □缺勤：疾病、家中有丧事的通知程序（如何报告） □准时的重要性 □允许请假天数（法律规定，家中有丧事） □建筑物内洗手间及其他设施的位置 □电话的使用 □安全措施 □着装规定 □火警盒和灭火器 □吸烟区 □急救站 □交通及停车设施（若必要采用地图） □介绍给你的上司和邻近同事 □部门中职工与其他人的关系 □介绍给部门中的同事（准备一张姓名及职务清单或图表）

（续表）

程序	计划内容
到达第一天	□工作区位置，即桌子、库房、料库等 □建筑物内及本地的餐饮服务 □包括新员工权利和义务在内的职工工作描述 □新员工职位的性质和重要性 □参考资料，工具及辅料的位置 □见习期长短
一周之后	□要向新员工介绍车间的整体运作情况 □要向新员工介绍企业的目标和文化 □及时让新员工完成必要的雇用手续 □试用期内工作信息的收集和反馈 □说清楚对他们第一个月的工作有何期望 □和新员工讨论，他工作的第一个月你可以给他哪些支持 □给新来的员工一段时间让他们“消化吸收”听到、看到的种种信息 □部门组织机构、功能及目标 □工作性质和流程 □公告牌的位置及目的 □着手部门工作培训计划 □保留个人近期资料（地址、电话）的重要性 □介绍如何报告工作中出现的事故 □本工作和本部门特有的规定 □工作表现时标准 □解释表现奖励制度
两周结束时	□讲解工作改进的策略及步骤 □介绍公司的出版物，包括年报 □介绍公司公告牌利用方法 □向员工解释享受的服务 □介绍生产成本、赢利及设备维修等经济因素 □介绍公司的供应商、顾客或客户、竞争者、专业协会等外联情况 □告诉他们如何加强相互间的交流和沟通 □试用期的评估和结果反馈 □新员工上班两个星期后向他们提出若干问题

员工签字：		一线管理者签字：
部门：	职位：	日期：

第二节 班组长管理新员工的要点

新员工管理的要点就是：让他们尽快熟悉公司情况，留住新员工，培养新员工，让他们成为优秀员工、榜样员工。

一、给彼此一个好印象

当新员工开始从事新工作时，成功与失败往往决定其受雇的最初数小时或数天中。而在这开始的期间内，也最易于形成好或坏的印象。

新工作与新上司亦与新员工一样地受到考验，由于那工作需要他，不然他就不会被雇用，所以班组长成功地给予新员工一个好的印象，亦如新员工要给予班组长好印象一样重要。

二、给新员工最热烈的欢迎

班组长在接待新员工时，要有诚挚友善的态度。使他感到你很高兴他加入你的部门工作，告诉他你的确是欢迎他的，与他握手，对他的姓名表示有兴趣并记在脑海中，要微笑着去欢迎他。

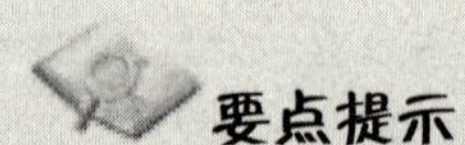

要点提示

要给新员工以友善的欢迎，班组长千万不能疏忽。

三、介绍同事及环境

新员工对环境感到陌生，但如把他介绍给同事们认识，这种陌生感很快就会消失。

当我们置身于未经介绍的人群中时，大家都将是如何的窘困，而新员工同样地也会感到尴尬，不过，如把他介绍给同事们认识，这个窘困就会消除了。

友善地将公司环境介绍给新同事，使他消除对环境的陌生感，可协助其更快地进入状态。

四、使新员工对工作满意

最好能在刚开始时就使新员工对工作表示称心。

这并不是说，故意使新员工对新工作过分主观，但无论如何要使他对新工作有良好的印象。

每一个员工都是从新手开始的，班组长也不例外。你还记得你第一次上班是什么样子吗？你还记得第一天工作时是什么样子吗？你脑子里都想些什么？有什么感觉？你花了多长时间才对公司有了一个比较深刻的了解，对你必须承担的任务有了一个明确的认识？回忆一下当你自己是新员工时的经验，回忆你自己最初的印象，回忆那时你是如何的感觉，然后推己及人，以你的感觉为经验，在新员工参加你部门工作时应鼓励和帮助他们。

五、与新员工做朋友

以诚挚及协助的方式对待新员工，可使其克服许多工作之初的不适应与困难，如此可降低因不适应环境而造成的离职率。

六、详细说明公司政策和法规

新员工常常因对公司的政策与法规不明了，而造成一些不必要的烦恼及错误，所以新员工报到之初，为使他感到愉快，使其有宾至如归的感觉，第一件必须做的事，就是让他明白与他有关的公司各种政策及规章，然后，他将知道公司对他的期望是什么，以及他可以对公司贡献些什么。

1. 需仔细说明的政策

（1）发薪方法。

（2）升迁政策。

（3）安全法规。

（4）休假规章。

(5) 员工福利措施。

(6) 工作时间及轮值规则。

(7) 旷工处分办法。

(8) 投诉的程序。

(9) 劳资协议。

(10) 解雇的规定。

(11) 在职雇员行为准则。

上述政策务必于开始时，即利用机会向新员工加以解释。

2. 解释公司政策

对新员工解释有关公司政策及规章时，必须使他认为对他们是公平的一种态度。假如班组长对新员工解释规章，使他们认为规章的存在处处在威胁着他们时，那他对他的新工作必不会有好的印象。

所有公司的政策及规章都有其制定的理由，班组长应将这些理由清楚地告诉他们。

假如把公司的政策及规章制定的理由一开始就详细地告诉了新员工，他将非常高兴而且承认它们的公正与其重要性。除非让他知道制定政策的理由，否则他势必会破坏规章，同时对政策也将表示不支持。

新员工有权利知道公司的每一项政策及规章制定的理由，因为当一个新员工在参加一项新工作时，他是着手与公司建立合作的关系，因此越是明白那些理由，则彼此间的合作越是密切。

去向新员工坦诚及详细地说明公司政策及其制定的理由，是班组长的责任，这是建立劳资彼此谅解的第一个步骤。

七、提供安全训练

在所有的员工中最可能受到伤害的是新员工。因为新员工通常比老员工年轻和缺乏经验，而且通常未受过为能安全和有效地完成其新工作领域全部职责所需的培训，而公司的安全文化尚很难为新员工所完全理解。另外，新员工试图证明其自身价值，有时会冒许多不必要的风险。

因此，班组长应密切地关注新员工，做好班组层级的新员工安全培训。

1. 新员工安全培训方法

为了确保取得更佳培训效果，班组长还应该做到下面几点：

（1）制定安全目标和职责。

为新员工制定具体的安全目标和职责。没有具体的目标和职责，新员工就易于忽视安全行为。

（2）师傅带徒弟。

为新员工提供一名师傅，师傅应能承担一对一的培训，保证以可靠和正确的方式，将标准的实践方法和程序、合格的操作方法以及全面的安全文化传授给新员工。

（3）指定一名“安全伙伴”。

即使这位“安全伙伴”并不能在所有时间内都能和新员工一起工作，也应安排这位伙伴一日数次前来检查新员工的安全行为。这样可使新老员工双方都得到提醒：安全是无处不在的。

（4）确保监督。

应保证安全经理、工长甚至工厂经理能尽量地经常进行直接检查。最糟糕的事情莫过于放纵新员工，只给他们极为有限的“受检次数”。上述人员直接检查员工是否正在安全地工作，可加深员工的印象。应该让新员工知道安全行为的得分，以及公司确实在为安全操心。

（5）不要对任何事情作假定。

经多次证明，这常常是事故的原因。应当为新员工留出足够的时间来证实其经培训获得的技能，不可指望一次性的培训和演示即已十全十美。

（6）制定期望事项。

可以期望新员工会养成所需的安全操作，表现出所需的安全行为和始终坚持所需的安全文化。双倍的检查，请另一人作为告诫人，再一次接受检查，每两周进行一次检查，凡此等等。除安全操作外，使新员工不再想其他事情是至关重要的。还应记住：在每天的例行工作中，你的一举一动都将成为新员工的榜样。

2. 新员工的三级安全教育

三级安全教育是指对新员工的厂级教育、车间级教育和班组级教育。新员工（包括合同工、临时工、代训工、实习人员及参加劳动的学生等）必须进行不少于三天的三级安全教育，经考试合格后方可分配工作。三级安全教育的主要内容有以下几个方面：

（1）厂级安全教育。

厂级安全教育一般由企业安全部门负责进行。

①讲解国家有关安全生产的方针、政策、法令、法规，劳动保护的意义、任务、内容及基本要求。

②介绍本企业的安全生产情况。

③介绍企业安全生产的经验和教训，结合企业和同行业常见事故案例进行剖析讲解，阐明伤亡事故的原因及事故处理程序等。

④提出希望和要求。如要遵守操作规程和劳动纪律，不擅自离开工作岗位，不违章作业，不随便出入危险区域及要害部位；要注意劳逸结合，正确使用劳动保护用品等。

新员工必须百分之百进行教育，教育后要进行考试，成绩不及格者要重新教育，直至合格，并填写“员工三级教育卡”，厂级安全教育时间一般为8小时。

（2）车间级安全教育。

各车间有不同的生产特点和不同的要害部位、危险区域和设备，因此，在进行本级安全教育时，应根据各自情况，详细讲解。

①介绍本车间生产特点、性质。

②根据车间的特点介绍安全技术基础知识。

③介绍消防安全知识。

④介绍车间安全生产和文明生产制度。

车间级安全教育由车间主任和安监人员负责，一般授课时间为4~8小时。

（3）班组级安全教育。

班组是企业生产的“前线”，生产活动是以班组为基础的。由于操作人员活动在班组，机具设备在班组，事故常常发生在班组，因此，班组安全教育非常重要。

班组安全教育的内容与上一章“班组员工安全培训”内容相同。

班组安全教育的重点是岗位安全基础教育，主要由班组长和安全员负责教育。安全操作法和生产技能教育可由安全员、培训员或包教师傅传授，授课时间为 4 ~8 小时。

新员工只有经过三级安全教育并经逐级考核全部合格后，方可上岗。三级安全教育成绩应填入员工安全教育卡，存档备查。

安全生产贯穿整个生产劳动过程中，而三级教育仅仅是安全教育的开端。新员工只进行三级教育还不能单独上岗作业，还必须根据岗位特点，对他们再进行生产技能和安全技术培训。对特种作业人员，必须进行专门培训，经考核合格，方可持证上岗操作。另外，根据企业生产发展情况，还要对员工进行定期复训安全教育等。

八、解释薪酬制度

新员工极欲知道下列问题：

①何时发放薪金？

②上下班时间。

③何时加班，加班工作能赚多少钱？

④发放薪金时，希望知道在保险等不同的项目上已扣除多少。

⑤额外的红利如何？

⑥薪水调整情况如何？

⑦薪金在何处领取？

⑧如何才能增加工资所得？

⑨人事部门负责处理的事务为何？

⑩休假、请假的规定。

因此，把公司薪酬制度详细地告诉新员工，可提高员工士气，增强进取心，同时亦可避免不必要的误会。

九、介绍升迁计划

员工大多不会满足于最初工作或原来职务而不思上进的，所以，工作上晋升的机会对新员工而言是十分重要的，也务必于员工初进公司时即加以说明。但切记不作任何肯定的承诺，以免将来所雇用人员不胜任时，而导致承诺不能兑现的困扰。以下是适当的说明内容：

①对新员工解释，单位内同事们已有些什么成就，同时他们遵循些什么

方法在做。

②很坦白地告诉员工，晋升是根据工作表现而定的。

③使员工了解，若要有能力处理较难的工作，必须先有充分的准备。

④提供一些建议，若要获得升迁的机会，必须做哪些准备。

⑤很清楚地说明，晋升并不能由偏袒或徇私而获得。

⑥升迁之门对好员工是永远开着的。

十、做好新员工指导人工作

1. 新员工指导人

班组长应在班组积极实施“新员工指导人制度”。

新员工指导人是新员工报到后，由车间部门负责人为其安排的工作、生活上的“舵手”，是为使新员工尽快了解公司，认同公司，尽快进入工作角色，同时也为加强对新员工的考核而设立的一种新员工指导制度。指导人原则上为员工所在班的班组长，也可以为司龄 2 年以上的其他员工。

2. 指导人职责

①对新员工进行工作安排与具体工作指导。

②对新员工的生活等方面提供可能的帮助，使之尽快消减陌生感，让他们在试用期中发挥最大的潜能。

③对新员工的思想状态进行跟踪，并对之进行公司入职培训及公司企业文化方面的宣导。

④对新员工进行每月考核，包括思想品质、工作进度、工作能力等方面。

⑤将新员工的情况向部门经理及人力资源部门进行定期及不定期的反馈。

⑥对新员工是否达到转正条件提出决定性意见。

新员工管理误区

(1) 短时间内向新员工灌输过多的知识。

(2) 只给新员工安排初级的工作。

(3) 不给新员工一定的磨合期。

(4) 急于把新员工推入到工作中去。

第三节　稳定新员工队伍，防止不当流失

对于很多班组来说，员工经常会处于流动状态。很多情况下，新员工只在有些公司干一两个月就会辞工。

新员工流动，尽管有种种所谓的个人原因，但很多还是因为不能尽快适应岗位工作，没有成就感、不能很好地融入团队等原因造成的。

新员工流动的因素是什么呢？班组长作为新员工的直接管理者，必须对新员工的流动原因及相关对策有所了解。

什么是新员工的现实震荡

（1）单位破产。

（2）单位经济效益不佳，要裁员。

（3）发现自己在该单位什么都不懂、什么都不会。

一、新员工流失的时间段

根据调查，在一般员工的三个离职高峰期中，试用期前后是其中之一，称为新员工危机期。在这期间，新员工发现工作性质或工作量超出他们能力或者与老板不和，就会立刻萌生去意。

有调查表明，50%～60%的员工在工作的前7个月中变动工作。新员工在正式上班的第1天到第180天这段期限内发生的流动为新员工的流动期限。

二、新员工流失的原因

1. 忽略新员工的第一感受

这一现象在众多的企业中比较普遍，是导致新员工产生现实冲击的最直接因素。

新员工开始一份新的工作几乎就像作出任何一个重大决定一样，作出决定之后，就寻找种种根据来确保自己作出的是正确决策。当发现哪怕只是一个很小的期望没有实现时，就会产生被出卖的感觉，害怕企业不履行合同了。许多新员工在第一天上班就在开始寻找迹象来证实自己的决定是正确的。而这种寻找往往是通过“感受”来进行的。

因此，当新员工抱着美好的憧憬和满怀的热情踏进新的企业时，他往往希望他的到来能受到企业管理层和部门同事的欢迎和重视，看到他所要开展工作的硬件设施已配置好。但许多企业往往忽视新员工的这一感受需要。管理层对新员工的到来若无其事，不作一点安排或准备。这让新员工感到从保安登记开始到企业的接待小姐到部门，他的到来大家都不知道，他的“突然”出现在“打乱”大家的正常工作安排。

2. 错误地欢迎新员工

目前许多企业的管理人员在欢迎新员工时犯了如下几个错误，使新员工耿耿于怀，对新工作没有一点好感。这些错误包括：

①以流水线方式不停歇地让新员工了解企业情况。

②在新员工到来之前，还没准备好作业用品。

③忽视新员工，或随便让他们去读公司手册，而没有一对一式的交流。

④把新员工了解企业情况的过程完全交给人力资源部门管理，新员工所在班组的班组长和车间都不参加。

⑤没让新员工的班组长给新员工定出具体的业绩目标。

3. 对新员工不够重视

对新员工的到来，班组长没有提前做任何准备，导致新员工无法开展工作。

4. 随意变更新员工的工作

这种变更，包括工种的变更，也包括工作内容的变更。

5. 工作岗位描述不清或工作压力过大

有些企业在招聘期间，要么没有岗位职责描述，要么自己根本说不清该招聘岗位的职责究竟包含些什么。到了新员工报到后，就任意地给新员工加码。许多老员工也往往欺负新员工，将自己手头上的繁杂事务“托付”给新员工或让新员工无故受过，使新员工感到体力、精神疲惫不堪。

6. 人际关系复杂

复杂的人际关系是目前企业内员工流动的重要原因之一。

7. 企业员工的文化和价值观冲突

新员工进入一个有一定历史的企业，必将受到新企业的文化、价值取向的冲击。如果企业在新员工引导方面缺乏这方面的重视，必将使新员工遭受"企业文化休克"。

8. 工作缺乏挑战性

企业分配给新员工的最初工作缺乏意义和挑战性。

现在的员工很多是职业技术院校的毕业生，班组长在给新员工安排工作时如果将枯燥、繁杂的工作分配给新员工，或让新员工长期承担一些简单的工作和任务，往往会磨灭新员工的工作热情，导致新员工感到自己是"大材小用"，不能发挥自己的特长。

9. 企业对新员工缺少要求

最初表达的期望对一个新员工的工作表现有决定性的效果。如果班组长期望新员工有高质量的表现，并且同时用话语和行动表达出来了，就会从新员工那儿得到高质量表现的可能性。班组长期望越高，对自己的新员工越信任、越支持，那么新员工就干得越好，工作质量就越高。但许多企业的班组长在新员工报到后往往没有对新员工提出严格的要求或期望，没有绩效目标和考核，对新员工听之任之，实行放羊式管理，让新员工在新环境中自生自灭。

新员工辞职主要原因

咨询机构调查指出，新员工在就职后90天内离职的主要原因有以下四种：

①工作任务交代不清；

②工作压力过大；

③不能融合到组织文化和信息网络中；

④与直接主管关系紧张。

一般新员工不会因薪酬原因而离职的，因为薪酬在录用的时候已谈定，还不会在这一阶段浮出水面，成为新员工的流动原因之一。

三、新员工流失的防范措施

1. 了解新员工心中的问题

在新员工加入企业后，班组长应围绕新员工关心的问题做充分的准备并为他们关心的问题提供积极有效的答案。新员工在加入企业时，心中常常自问的问题有以下几个：

①我是否受欢迎和重视？

②我的工作对企业的哪些方面很重要？

③企业对我的具体期望是什么？

④我在这里能学到东西，不断发展，并受到挑战吗？

2. 关心新员工

要加强对新员工工作和生活等方面的关心和感情培养。这可以使新员工产生被重视、不被忽略的感觉。同时，对于企业在招聘中的承诺要尽快兑现。企业在新员工加入后头几天的“关心”做法会让新员工产生意外的惊喜，巩固新员工加盟企业的决心。

3. 做好新员工的欢迎工作

新员工在报到当天一踏入企业就受到有效的欢迎，并让新员工有成为团队一员的感觉。因为新员工受聘报到的当天以及在随后的几天内在企业内的所见所闻以及对工作场所和工作气氛的实际感觉会巩固或动摇新员工当初的选择。同时，由于新员工的工作受到家庭、亲朋好友和过去同事的关心，新员工在新企业的新感受和对企业的印象，在新员工加入企业后的最初几天内同样受到他们的关心。如果企业做好了上述方面的工作，必将提高企业在当地社区的形象和声望，为企业在今后找到更优秀和更合适的人才打下基础。

4. 加强对新员工的培训引导工作

班组长应加强对新员工的培训引导工作。对新员工没有耐心，指望他们落地就能起跑是不切实际的。

5. 严格要求新员工

对新员工管理严一点，是为了新员工能养成良好的职业素养。

在新员工开始探索性工作的头几个月中，应当为他找到一位受过特殊训练、具有较高工作绩效并且能够通过建立较高工作标准而对自己的新员工提供必要支持的人员，比如新员工的直接领导——班组长。

6. 为新员工提供“师徒制”机会

利用一位在某一领域富有经验的员工（即师父）来培训和教导新员工（即徒弟）。通过这样的个人化重视，及时将新员工所需要的信息、反馈和鼓励等通过师傅来传达给新员工。而新员工也能在短时间内掌握岗位和其他必要的信息。全球最大的零售商沃尔玛为了帮助新员工在前90天里适应公司的环境，就分配公司的一些老员工给他们当师傅，并且分别在30天、60天和90天时对他们的进步加以评估。这些努力降低了整个公司25%的人员流动，也为沃尔玛的进一步发展赋予了新的动力。

第五章　加强培训开发，提高工作绩效

第一节　班组员工培训的内容步骤

“管理，始于教育，终于教育。”从公司方面来看，员工培训就是要把因员工知识、能力不足，员工态度不积极而产生的机会成本的浪费控制在最小限度。从员工个人方面来看，通过培训可以提高员工的知识水平和工作能力，从而能够提高员工的能动性，达到员工自我实现的目标。员工培训有利于团队绩效的提升，有利于班组长自身能力的提升，有利于增加团队的吸引力、凝聚力。

一、培训的作用和目的

有些班组长去培训，只是为了赶时髦，或者是因为上面有任务下来，不得已而为之，这种培训就达不到应有的效果。因此，在培训之前，你首先要清楚培训的目的。

1. 适应工作的需要

现在的社会，是一个讲求科学、讲求技术的社会。纯粹地靠使用蛮力是完成不了工作的。任何一台机器，都有它的操作要求；任何一道生产工艺，都有它的工艺技术；任何一个工作岗位，都有它相适应的岗位技能。要使员工能够胜任工作，首要的就是进行培训。

员工培训

2. 提高工作绩效

员工通过培训可以在工作中减少失误，在生产中减少工伤事故，降低因失误造成的损失。同时，员工经培训后，随着技能的提高，可以减少废品、次品，减少消耗和浪费，提高工作质量和工作效率，提高企业效益。

3. 提高员工素质

员工通过培训，知识和技能都得到提高，这仅仅是培训的目的之一。培训的另一个重要目的是使具有不同价值观、信念，不同工作作风及习惯的人，按照时代及企业经营要求，进行文化素养教育，以便形成统一、和谐的工作集体，使劳动生产率得到提高，人们的工作及生活质量得到改善。

4. 满足员工自我成长的需要

员工希望学习新的知识和技能，希望接受具有挑战性的任务，希望晋升，这些都离不开培训。因此，通过培训可增强员工的满足感。

事实上，这些期望在某种情况下可以转化为自我实现的诺言。期望越高，受训者的表现越佳。反之，期望越低，受训者的表现越差。这种自我实现现象被称为“应格马利翁效应”。

5. 最有效解决问题的措施

有人比喻说：培训，就像吃补品，是防患于未然；出了问题才去补救，就像是吃药品，是不得已而为之。这句话说得很生动。想想看，难道不是吗？你是愿意等问题或事故出现了再去解决，还是愿意将事故或问题消除于萌芽之中？

二、员工培训的三大内容

培训的目的是为了提高员工的思想水平和行为能力，以使其有能力去处理现时担当的工作和将来的工作。也就是说，培训无非是为了实现知识、技能和态度的改变。因此，知识、技能和态度是培训的三要素，三者缺一不可。

培训考试

1. 知识培训

知识是员工工作和发展的基础，员工只有具备一定的基础和专业知识，才能在自己的岗位提供坚实的支撑。我们在学校所学到的知识，大部分属于此类。

2. 技能培训

知识只有转化成技能，才能真正产生价值。理论和实践是不可分开的。科技是第一生产力，只有科技转化成为生产力的时候，它才有价值。员工的工作技能，是企业产生效益、获得发展的根本源泉，因此，班组长也要加倍重视员工的技能培训。

3. 态度培训

态度是人们在自身道德观和价值观基础上对事物的评价和行为倾向。态度表现于对外界事物的内在感受（道德观和价值观）、情感（即“喜欢或厌恶”“爱或恨”等）和意向（谋虑、企图等）三方面的构成要素。激发态度中的任何一个表现要素，都会引发另外两个要素的相应反应，这也就是感受（道德观和价值观）、情感（即“喜欢或厌恶”“爱或恨”等）和意向（谋虑、企图等）这三个要素的协调一致性。

员工具备了扎实的理论和过硬的技能，但如果没有正确的价值观、积极的工作态度和良好的思维习惯，那么他们并不一定能给企业带来财富，相反还有可能带来损失。而拥有积极态度的员工，即使暂时在知识和技能上存在不足，他们也会为了实现企业和个人目标，主动、积极地去学习，提升自我，从而成为企业所需的人才。因此，态度培训是班组长必须持之以恒进行的核心重点。

4. 意识培训

意识，是物质的一种高级有序的组织形式，是指生物由其物理感知系统能够感知的特征总和以及相关的感知处理活动。意，即是自我的意思。识，就是认知，认识。意识，代表我们作为个体的独立性，是主观存在的独特坐标。意识，代表我们可以认识自己的存在，可以知道发生的事情，可以对立与不同于自己的存在进行对比。意识就是认识和知道事物的存在的那个，意识本来就是精神同一种用法。理性从意识而来，真理是观念等同，跟心理无关。所以，意识培训是最高级的培训，它从根本上解决了员工的思想问题。

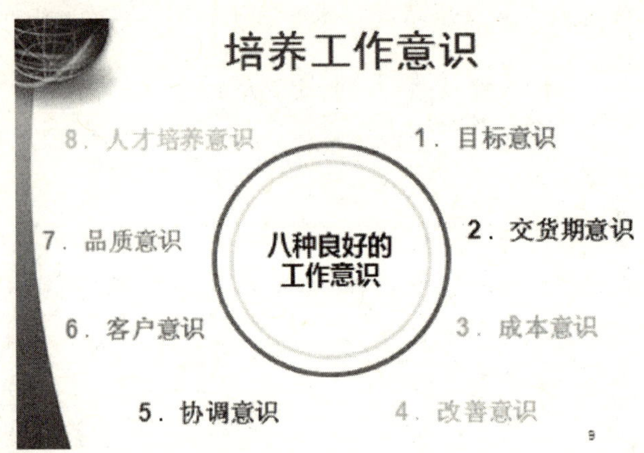

三、训练员工的五个步骤

训练员工的步骤包括告知、示范、观察、口头解释、定期检查。

在此，特别强调的是：务必遵循这五步，千万不要跳过其中任何一步，否则会前功尽弃。

1．告知

班组长必须告知员工你要教他什么，以及你为什么要教他。要让员工知道这项工作不仅与他的作业系统有关，而且要让员工知道其重要性。如此员工就会自动培养出学习的兴趣，因为他们感到工作、学习与其自身利益有关。作为班组长，还要学会如何去进行分析、说明工作成果。

2．示范

在这个步骤中，要求班组长不管多简单的动作，只要员工没做过，都要实地操作让他看，还要仔细地讲解，过程不要太快，因为每一个人学习的速度都不尽相同，班组长觉得简单的事员工不一定知道是怎么一回事，所谓会者不难，难者不会！这一步是你要做给他看，即示范。

3．观察

当做给他看了之后就要让他来做，班组长要观察员工的操作，必须确认他的每一个步骤是无误的，这被称作实地训练，是真正进行沟通的好机会。一方面看老师教得怎样，另一方面看员工学得怎样。如果发现员工有错误，就一定要当场纠正，直到他的作业规范为止。这一步是让他做给你看的过程。

如果将前面及后面的步骤连贯起来，就是：不知道—了解—做给他看—他做给你看—看他们做。

4. 口头解释

这个动作其实是第三个动作的延续，可让员工更了解如何操作。也就是要求班组长在员工操作的同时，可以要求员工同步解释他的每一个步骤，如此可以看出他是否真正了解他的工作，也可以看出他的观念、理念正确与否。如果不对，班组长就必须进行现场纠正。在他解释的同时，也许会感觉到，执行该项工作的员工有多么重要。

5. 定期检查

定期检查的原因有两点：

①可以确认员工是否采纳正确的方法进行操作，是否经过长期的工作对规范化操作的生疏，或是因其他的干扰而让动作产生了变异。因为人们在长久重复同样的动作时，往往会淡化或遗忘一些标准，而自身的动作会在不知不觉中产生变异。如果发现这种状况就必须立即纠正。

②在这个过程中，可以基于他们的成绩作一些正面的回馈，即前文探讨的总结成果，以作鼓励，因为人人都有成就感，正面的回馈可让员工因为成就感而更加努力工作。

四、员工教导的四个阶段

员工教导的四个阶段包括以下几个方面。

1. 第一阶段：准备

备好作业指导书、器材、场地、位置，调节好情绪。

①将要教的内容，分成几个小区段，再列出各区段中的要领与注意事项。

②创造学员有利于学习的环境。

2. 第二阶段：示范

说清楚步骤、要点，提问回答。

①说明这项工作的名称、作用，以正常的速度示范，使员工了解工作的大概。

（用通俗的话讲，如有专用词，就要说清楚。）

②再示范一次，用很慢的动作，一步步地做，同时讲解顺序。

③再示范一次，用很慢的动作，一步步地做，讲解各步骤的要领。

④再示范一次，慢动作一步步地做，同时讲解各要领的理由。

⑤鼓励学员提问题，并让他详细了解。

3. 第三阶段：试做

改正其错误、提问步骤、要点与理由。

①让学员试做一两次，随时纠正其错误。（说明不能这样做的理由。）

②让学员再试做一两次，并边做边说要领，确认工作正确。

③让学员再试做一两次，并边做边说要领与理由，确认工作正确。

④肯定、鼓励，让学员再做十次左右，使其不致很快地忘记。

4. 第四阶段：上线

导入工作，指定协助人员。

①指定一位老手，监督辅导，让学员自己做，直到熟练。

②逐步减少“关心、确认正确工作、鼓励发问”的频度。

第二节　培训的方法与技巧

本节介绍的是如何确定培训目标、选定讲义、全体讨论、自由讨论、KJ法、实例教学、研究示范法、小组讨论、集体活动等培训方法以及一些具体实用的培训技巧。

一、确定培训目标

班组长是本班组员工培训的主要负责人，培训部门和员工是关键的合作伙伴。

班组人员培训可以分为两个阶段，第一阶段：迅速掌握基本技能；第二阶段：达到技术专精。

要点提示

班组长应该明确对员工进行培训是自己的责任，而且是最重要的职责。

第一阶段：迅速掌握基本技能。

新员工培训又称岗前培训、职前教育、入厂教育，是一个企业所录用的员工从局外人转变成为企业人的过程，是员工从一个团体的成员融入到另一个团体的过程。员工逐渐熟悉、适应组织环境并开始初步规划自己的职业生涯、定位自己的角色、开始发挥自己的才能。

第一阶段的任务是让新员工迅速掌握基本技能，成为熟练工作者。

1. 完成这一目标必须具备的两个条件

①让员工了解公司产品。

②能按公司标准的工作效率和工作品质完成任务。

下表列出了该阶段容易出现问题的原因和解决办法。

表5－1　试用期员工出现问题的原因和解决办法

班组人员	问题出现的原因	解决办法
熟练工作者	a. 不愿教，或怕被超越 b. 自己本来技术不过关，怕被发现 c. 在思想上对人员培训不重视	连坐式强制考核管理
新员工	a. 学习意愿不强 b. 想学，但没人教	

2. 实施连坐式强制考核管理

以上只涉及熟练工作者和新员工，因为班组长控制的是全局，而员工的相互学习是一个局部，如果作为班组长每刻都只关注员工的细节，那就会发生救火现象严重的局面。管理的计划、组织、指挥、协调、控制，是对整个班组工作流程的管理，当工作效率、工作品质、规章制度、安全卫生、考勤都完成的情况下，班组长才能注意到每个员工的具体表现。所以，在兼顾全局的情况下，班组长可以采用连坐式绩效考核管理，具体办法如下：

①把新老员工的绩效考核放在一起，与薪金挂钩，采用进一退二的做法进行整体考核。

②下放新员工的日、周考核权给老员工。

③强调企业重视度，加强人员监督。

第二阶段：达到技术专精。

第二阶段的目的是，使熟练工作者达到技术专精，成为班组的技术专家。

1. 实现此目标的两个特征

①熟练员工在保证原有工作品质的前提下，效率有明显的提高。

②在自己熟悉的工作流程中，善于发现问题，并使解决的问题成为自己提高效率、改善品质的专有技术。

班组通常在这个过程中，时间成本浪费非常严重，而且也是人员流失最频繁的，下表是对该问题的分析。

表 5－2　熟练工流失问题分析

<table>
<tr><th>班组人员</th><th>问题现象</th><th>问题原因</th><th>解决方法</th></tr>
<tr><td rowspan="5">技术专家</td><td>熟练工作者专业技术掌握时间过长</td><td>不愿传授技术，怕被超越或者取代</td><td rowspan="5">督促、激励</td></tr>
<tr><td rowspan="4">专精人才流失</td><td>看不到自己以后的发展目标</td></tr>
<tr><td>希望得到更多的权利或者经济回报</td></tr>
<tr><td>长期不变的工作环境使个人的精神疲惫</td></tr>
<tr><td>纯粹的技术学习者</td></tr>
<tr><td rowspan="4">熟练工作者</td><td rowspan="2">熟练工作者专业技术掌握时间过长</td><td>对现在技术程度满意</td><td rowspan="2">淘汰、督促</td></tr>
<tr><td>缺乏发现型的思维方式</td></tr>
<tr><td rowspan="2">熟练人才流失</td><td>想学，无人可教</td><td rowspan="2">督促、激励</td></tr>
<tr><td>对自己的后期发展目标盲目</td></tr>
</table>

除了以上人员的问题，班组还存在以下几点问题：

①激励机制不完善。

②班组长对人员培养不够重视。

③班组长的权利没有部分下放。

2. 实施连坐式督促考核管理

对于以上问题可采用连坐式督促考核管理，具体的督促、激励办法如下：

①下放熟练工作者的考核权给技术专家。

②以报酬权为支持，促进技术专精人才发现问题，改善流程，创新产品，使之成为企业的文化风气。

③组成学习团队，实行双向连坐考核，促进团队互助，缩短熟练工的专业技术学习时间。

④实行准干部提拔制，减少技术专家的情绪问题。

二、选定培训方法

员工培训的方法主要有讲义、全体讨论、自由讨论、KJ 法、实例教学、研究示范法、小组讨论、集体活动等，其特点见下表。班组长可以根据自身需要，加以选用。

表 5－3 不同培训方法分析

培训方法	长 处	短 处	备 考
讲义	·能在较短时间内传递大量的资讯 ·所花经费少，人数也不受限 ·接收信息主要是透过听讲的途径，而不是透过阅读，更易于了解	·单向交流，不能互相交流 ·以语言交流为中心，对各种资料的利用率很有限 ·不同的演讲者所作的演讲效果有很大的差异	·适用于传达新的知识、资讯 ·适用于人数较多，不宜双向交流的场合 ·可有效地利用人的视觉、听觉，也留出一定的时间回答听众的提问
全体讨论	·所得出的结论容易让人接受 ·与实际工作联系紧密 ·能对讲座的内容进行彻底的探讨、提问	·花时间 ·对参加讲座的人数有一定的限制（一般应控制在 5 人之内） ·讲座的实际效果受领导者才能的影响很大	·对讲座的步骤、动作方法等有一定的准备 ·要选择合适的人来主持讨论 ·对提问的方式也应有所准备 ·可适时地利用小组讨论方式

（续表）

培训方法	长 处	短 处	备 考
自由讨论	·全体成员都可参加 ·参与者能发表其真正想说的意见 ·成员间可相互影响，相互作用，参与者的学习欲望较高	·有时可能只是其个人谈话的天地，而其他人则根本没机会发表自己的意见 ·花时间 ·有时可能得不到任何实质性的讨论结果	·要先准备好能吸引大家注意的话题 ·透过全体自由讨论来评价某项建议 ·注意反馈信息
KJ 法	·操作过程很有趣，有新意 ·全体成员都可参加 ·这种方法具有建设性，能有效把握住全体成员的意见、建议	·花时间 ·操作方法较难掌握 ·对不同的主题，参加的人员也有所不同。愿参加自己感兴趣的话题	·针对不同的对象，所运用的方法和所采取的操作步骤也有所不同
实例教学	·对发生在身边的实例进行研究，有很强的感性基础，参与者的兴趣也较浓厚 ·有助于进行自我反省 ·透过实际体验来预设以后出现类似问题的处理方法	·有时可能出于主持人的原因而导致会议半途而废 ·有时可能与自己的工作联系不起来 ·很难找到理想的案例	·在个人发表意见后应召开小组讨论（或分组讨论） ·在新职员中发表一些关于自己身边事例的意见、看法
研究示范法	·有现实感 ·能激起浓厚的兴趣 ·参与者对所示范的情景较熟悉 ·准备也很有趣	·只示范自己感兴趣的工作 ·如果心情紧张，很容易导致气氛的呆板 ·一般只限于示范已经做过的工作，不太具有创造性	·对情景、示范、操作者的职务等，都应有清晰的认识 ·要充分掌握每个人的建议、观点，可召开相关的自由讨论或即兴示范训练

（续表）

培训方法	长处	短处	备考
小组讨论	·能针对某一问题展开有效的讨论 ·有助于扩大视野	·讨论的效果受小组人员素质的影响较大 ·容易出现某些成员倔强的观点、态度，这对讨论有不利的影响	·主持人注意要充分展开讨论 ·有时可展开相关的自由讨论或分组讨论
集体活动	·充满乐趣 ·可同时学习集体创作精神，学习互相帮助 ·可从紧张的日常工作中暂时解脱，调节一下情绪	·有时只流于形式，只是一起玩玩，没达到预期的效果	·规定一定的时间，制定竞争机制 ·不要只是一口气地傻干，还要注意有效的工作方法 ·不宜太重视成绩，而应更重视过程

三、掌握培训技巧

1. 关注

理想地说，训练课程应该在一个没有干扰的私人环境中进行。电话、访问者和噪声应该尽可能地被排除。只有在这样的环境下，被训练者才能完全放松地倾听和进行对话。

应该处于面对被训练者的恰当角度或附近，而不是面对面隔着书桌或办公桌。良好的视线接触、恰当的姿势和柔和的声调，都表示教练完全关注于并准备倾听被训练者的说话。训练者也可以通过这些语言，比如“我明白了”“对”“我听到了”“我明白”来表达这种意思。

2. 鼓励

有时，训练者必须鼓励被训练者详细说出他的想法或感觉。

我们已经发现以下的语言很有用：

我想知道你现在觉得怎么样。

你愿意说说那个吗？

你愿意说点别的吗？

也许你愿意告诉我……

有什么其他我应该知道的吗？

3. 澄清

有时，训练者不能确信被训练者所说的。一些用于减少模糊性并获得清晰信息的语言包括：

我认为你说的是……

你能给我一个关于……的例子吗？

我不太能肯定我理解你——你愿意重复一遍吗？

你能告诉我更多关于这件事的内容吗？

我们能再多谈谈这件事吗？

4. 反馈

对话的重要技巧包括训练者以他自己的语言重述被训练者所说的——或者是所表达的内容，或者是感觉。反馈，表示出我们对被训练者的理解和接受，它同样还帮助被训练者更加意识到他的情感状态。反馈甚至能让训练者和被训练者集中精神和保持一致。一些典型的反馈语言包括：

听起来你真的……

你认为如果……是个好主意。

你真的喜欢……

你认为如果……

我看起来对……感到焦虑。

5. 总结

好的倾听者能够简要地总结发言者所说的内容。训练者对被训练者讲他要说的内容时，使用总结的技巧，以贯穿松散的训练课程或者作为训练课程的结束。一些总结陈述包括：

我希望总结一下我们今天所涉及的内容。

作为总结……

我们今天涉及了很多的内容，特别是……

为了总结一下……

我看来，今天的训练方式……

今天训练课程的主题是……

第三节　如何进行新员工培训

新员工进来后，第一件事就是进行入职培训。新员工通过入职培训可以进一步了解企业，对企业的发展情况、企业文化、业务流程、管理制度等都可以进行全面的了解。同时，入职培训也能验证招聘者在招聘过程中的各种说法，并且可以使员工进一步坚定自己的选择。因此，新员工的入职培训对企业来说显得特别的重要。

入职培训由企业人事部门主持，新员工所在班组的班组长应配合人事部对新员工的培训工作。凡涉及介绍本部门职责、功能的，均应认真准备。

新员工入职培训

一、新员工培训的四个步骤

新员工的教育训练是班组长最重要的工作。好的训练方法能够让员工掌握岗位的基本要求，培养端正的工作态度和作风，能够发现和判断品质方面的异常，是高品质、高效率生产的基础。

训练新员工的基本步骤如下：

步骤一：消除新员工的紧张心理。

刚开始时，新员工心里会高度紧张，生怕做错了什么，如果培训人员也板着脸的话，那么新员工就会更加不知所措，结果越紧张越错，越错就越紧张。可先找一两个轻松的话题，打消新员工紧张的心理。心里一旦轻松，培训也就成功了一半。

步骤二：解说和示范。

将工作内容、要点、四周环境逐一说明，待新员工有了大致印象后，实际操作一遍做示范，解说和示范的主要目的是让新员工在脑海里有个印象。此外，还应留意以下几点：

①如有危害人身安全的地方，应重点说明安全装置操作或求生之道。

②尽量使用通俗易懂的语言，如有疑惑时，要解答清楚。

③必要时多次示范。

步骤三：一起做和单独做。

做完一步，就让新员工跟着重复一步，每一小步的结果都进行比较，若有差异，要说明原因在哪里，反复进行数次后，可单独让其试做一遍，此时，要站在一旁观察，以策万全。此外，还应留意以下几点：

①每进步一点，都立即口头表扬，消除新员工的紧张心理并增强其信心。

②关键的地方让其口头复述一遍，看其是否记住。

③观察时动口不动手，让其自行修正到OK为止。

步骤四：确认和创新。

新员工能够独立工作后，对最终结果要反复确认，直到可“出师”为止。包括：

①作业是否满足作业标准书的要求？

②能否一个人独立工作？

③有无其他偏离各种规定的行为？

传授新员工技能后还不能算功德圆满，还要鼓励新员工大胆创新、勇于改革，如此新员工新视点，必将走上新台阶。

二、新员工培训的七大基本内容

新员工入职培训必讲项目包括：

1. 公司简介

公司简介的内容包括公司概况、公司历史、公司精神、经营理念、未来前景、公司组织说明等。

2. 员工指南

如《员工手册》《品质方针》《行动指南》《厂规厂纪》，各部门位置、组织结构、负责人等，要详细地告诉新员工。

3. 企业基本要求

如整洁的穿着、上司或前辈的应对礼节、办事礼仪、同事关系处理要领、上下班要领、办理企业财物手续、贵重品的取拿、5S 活动等，这些不说新员工不知道，更谈不上会正确遵守。

4. 有关工作的基本要求

担当该工作要具备哪些知识，如何接受指示和命令，如何向上司报告，如何向有关部门和人员传达信息，遵守作业标准的重要性，PDCA 循环手法。

5. 基本技能培训

工具、劳保用品、防护用具、消防器具、电话、传真、复印、计算机等办公设备的使用方法。

6. 产品知识培训

本企业的主要产品及工作原理、服务范围、物料调配等知识。

7. 其他方面的培训

ISO、5S、TPM 基础知识，主要客户，主要协作厂家等方面的知识。

表5－4　新员工入职培训内容清单

培训项目	序号	内容概要
公司概况	1	欢迎辞
	2	公司的创业、成长、发展趋势
	3	目标、优势和存在的问题
	4	公司的传统、习惯、规范和标准
	5	公司的特殊使命和功能
	6	产品和服务、主要用户情况
	7	产品生产和对用户提供服务的方式、步骤
	8	公司各种活动的范围
	9	组织、结构、与子公司的关系
	10	组织指挥系统
	11	主要经理人员的情况
	12	各团体之间的关系、期望和活动
主要政策及过程介绍	1	报偿
	2	加班
	3	轮班制
	4	工资预支
	5	工作费用报销
	6	工资率及工资范围
	7	节日工资
	8	付薪方式
	9	购买内部处理产品的特权
	10	向贷款部门借贷
	11	纳税方法
员工福利情况	1	保险金
	2	人寿保险
	3	工人奖励
	4	病、事假
	5	退休计划及优待
	6	顾问服务
	7	医疗及口腔保险
	8	残疾保险
	9	节假日（如国家、宗教的节日、生日）
	10	在职培训机会
	11	自助餐厅

表5-5　新员工培训评核（例）

类别			细则	评核结果（1，2，3）		
基本技能类	打螺丝	电批扭力识别	从电批上颜色胶带的不同区分出扭力大小			
		打电批开关识别	从电批上开关不同位置区分电批转动状态			
		电批嘴识别	不同螺丝安装使用不同批嘴			
		电批嘴安装	将电批嘴装入电批中，从电批中取出			
		螺丝区分	不同种类的螺丝区分开			
		螺丝安装状态	螺丝安装后打花，浮起，打斜的识别			
		螺丝安装	30安装10粒螺丝（各方向）			
	打E环	E环区别	不同大小型号E环区分开			
		E环钳区分	不同型号E环安装选用不同E环钳			
		E环钳好坏	判断E环钳的好坏			
		E环安装	40安装10粒E环			
		E环安装状态	分辨出E环安装后品质的好坏，有无阻力，有无到位			
	部件识别	密封贴的好坏	分辨出印刷不良，缺损，折痕			
		贴付基本要求	·无异物，气泡，歪斜，皱纹 ·贴付时的注意事项			
		金属部件	·金属零部件生锈品质要求 ·变形的辨别（刮伤辨别）			
		塑胶部件	·断裂的辨别 ·注塑不全的辨别 ·毛刺的辨别方法 ·刮伤的辨认			
		电子部件	·线路板损伤辨别 ·电线、线束损伤，端子安装辨别			
		标贴	·标贴损伤，破缺辨别 ·标贴异常辨别			
	注意事项	电批	·力矩的调节方法 ·电批的保养方法			
		E环钳	使用注意事项			
		刀片	使用注意事项			

（续表）

类别			细则	评核结果（1，2，3）		
基本技能类	摆放零部件	在库零部件	摆放方法及注意事项			
		配料区	摆放方法及注意事项			
	包装	目的	目的的理解			
		方法	·包装票注意事项 ·包装胶纸封贴注意事项			
	配料	目的	配料对生产品质的目的理解			
		定义	配料的定义及注意事项			
		推车	推车方法及注意事项			
		配料零部件放置	配料架上零部件放置注意事项			
标准类	5S	5S 定义	5S 定义的记忆			
		对清洁的理解	标准化管理的理解			
		对修养的理解	修养的意义			
	指导书	指导书分类	配料，组装，检查，包装指导书			
		指导书的项目	机种，数量，工具，标准，时间，重点，图例			
		严守标准	按指导书操作的目的和要求			
	《标准指示书》	作用	《标准指示书》的作用及目的			
		内容	《标准指示书》的主要内容			
	区域	地板胶意识	黄色、绿色、红色表达区域			
	方针目标	品质方针	内容的理解记忆			
		品质目标	·内容的理解 ·和本部门的关系			

第四节 岗位轮换

岗位轮换制是企业有计划地按照大体确定的期限，让员工轮换担任若干种不同工作的做法，从而达到考查员工的适应性和开发员工多种能力、进行在职训练、培养主管的目的。岗位轮换在企业经营上有很重要的作用。首先，岗位轮换制有助于打破部门横向间的隔阂和界限，为协作配合打好基础。其次，有助于员工认清本职工作与其他部门工作的关系，从而理解本职工作的意义，提高工作积极性。

一、班组岗位轮换的作用

岗位轮换制是企业有计划地按大体确定的期限，让员工轮换担任若干种不同工作的做法，从而达到考查职工的适应性和开发职工多种能力、提高换位思考意识、进行在职训练、培养主管的目的。

要点提示

岗位轮换是企业培养人才的一种有效方式。

岗位轮换的作用主要有以下几个方面。

1. 多岗锻炼，培养人才

企业要培养出能够独当一面的复合型人才，内部的岗位轮换可以说是一种既经济又有效的方法。岗位轮换能够有效提高员工适应新环境的能力，也使企业组织更具有弹性和活力。通过岗位轮换，可以加强员工对业务工作的全面了解，也提高了员工对全局性问题的分析能力，不仅开阔了眼界，也扩大了员工知识面。

2. 消除误解，增进理解

岗位轮换有助于打破部门横向间的隔阂和界限，给协作配合打好了基础。

部门间的本位主义或小团体主义，往往来自于对其他部门的工作缺乏了解，以及部门之间人员缺乏交往接触。通过轮换，便可消除这些弊病。轮换也有助于员工认识本职工作与其他部门工作的关联，从而理解本职工作的意义。

3. 消除不满，激励员工

在同一岗位时间长了，就会产生厌烦感，适当地轮换岗位会使人有一种新鲜感，而且也会让人感到上司对自己的重视，感受到领导是在有意识地全面培训自己，因此会在新的岗位上施展自己更大的才能。这种方法既能调动人才的积极性，又能发现有发展潜力的人才，是增强员工工作满意度的经济的、有效的方法。

4. 避免僵化，利于创新

长期从事于某一项工作的人，不论原来多么富有创造性，在经过时间的磨合后，都将会逐渐丧失对工作内容的敏感而流于照章办事的形式，有时甚至还会出现推诿扯皮的现象，这种“疲顿倾向”是提高工作效率和发挥创新精神的大敌。企业通过定期进行岗位轮换，能促使职工保持对工作的热忱和发挥出创造性。

二、班组岗位轮换的原则

实施岗位轮换的作用是明显的，但企业在实际推行岗位轮换制度中，还存在诸多需要克服的困难和阻力。要注意：在实施之前应建立完整的各项职位的岗位说明书以及作业流程书；有些工作性质完全不同的职位是无法轮换的；有的职位过于敏感或有高度机密性，也不适合经常调动；调动之前要征求员工意见，对不愿意换岗位的员工也不要勉强。在实施岗位轮换制的过程中，应坚持以下原则。

1. 用人所长原则

在制定岗位轮换制时，应制订详尽的长期计划，根据每个员工的能力特点和兴趣个性统筹考虑安排，在企业内部人才合理流动的基础上，尽量做到使现有员工能学有所长，提高人才使用效率。为了保证企业内部组织的相对稳定，岗位轮换应控制在一定的范围内，具体范围大小可根据企业的实际情况决定。

2. 自主自愿原则

虽然岗位轮换制可提高员工的工作满意度，但因具体情况的不同，效果也各不一样。用双方见面、双向选择等方式、方法，使岗位轮换达到应有的效果。

3. 合理流向原则

在岗位轮换时，既要考虑到企业各部门工作的实际需要，也要能发挥岗位轮换员工的才能，保持各部门之间的人才相对平衡，推动组织效能的提升。

4. 合理时间原则

岗位轮换有其必要性，但必须注意岗位轮换的时间间隔。如果在过短时间内员工工作岗位变换频繁，对于员工心理带来的冲击远远大于工作新鲜感给其带来的工作热情。一般来说，每个员工在同一工作岗位上连续待 5 年以上，又没有得到晋升的机会，就可考虑岗位轮换。如果一名员工一直在同一企业中工作，考虑其晋升和岗位轮换的总数在 7 ~8 次较为合适。

三、班组岗位轮换的主要方法

岗位轮换，一般来说，主要有以下几种类型。

1. 新员工巡回轮换

新员工在就职训练结束后，根据最初的适应性考察被分配到不同部门去工作。为了使员工在部门内尽早了解到工作全貌，同时也为了进一步进行适应性考察，不立即确定他们的工作岗位，而是让他们在各个工作岗位上轮流工作一定时期（一般一年左右），亲身体验各个不同岗位的工作情况，为以后工作中的协调配合打好基础。新员工每一个岗位轮换结束时都有考评评语。通过岗位轮换，企业对新员工的适应性有了更清楚的了解，最后才确定他们的正式工作岗位。

2. 培养“多面手”员工轮换

为了适应日益复杂的经营环境，企业都在设法建立“灵活反应”式的单性组织结构，要求员工具有较强的适应能力，当经营方向或业务内容发生转变时，能够迅速实现转移。于是，员工不能只满足于掌握单项专长，必须是“多面手”“全能工”。所以，企业在日常情况下，必须有意识地安排员工轮换做不同的工作，开发其潜在能力，以取得多种技能，适应复杂多变的经营环境。

3. 消除僵化，活跃思想的轮换

长期固定从事某一工作的人，不论他原来多么富有创造性，都将逐渐丧失对工作内容的敏感而流于照章办事。这种现象称为“疲顿倾向”。通过定期进行轮换，使员工保持对工作的敏感性和创造性。

4. 其他轮换

当班组的年龄构成，或员工出现不能适应工作的情况，或需加强，或合并班组等，都要相应进行轮换。

四、班组岗位轮换制中的问题

（1）对掌握某些复杂作业技术不利，可能使这类技术水平停止或降低。

（2）对保持和继承长期积累的传统经验不利，可能使工作效率降低。

（3）未能及时参加轮换可能造成员工“错过班车”的感觉而影响情绪。

（4）常常由于业务上的需要而不能如期执行轮换。

（5）轮换必然会引起工资波动，可能影响员工收入或使工资计算复杂化。

（6）各班组有本位主义思想，不愿意放走得力骨干，等等。

第五节　现场 OJT

OJT（On The Job Training）即在岗培训或在职培训，是指公司有计划地实施有助于员工学习与工作相关能力的活动。这些能力包括知识、技能或对工作绩效起关键作用的行为，培训的目的在于让员工掌握培训项目中强调的知识、技能和行为，并且让他们应用到日常工作当中。

班组现场 OJT 的目的

班组现场 OJT 的目的是为了让员工熟悉本岗位工艺管理，正确判断生产中的异常情况，及时进行处理。熟知所属设备的结构和性能，以利正确控制工艺条件，充分挖掘设备潜力，使员工达到熟记工艺流程和工艺指标。

一、OJT在班组推行的优缺点

OJT在班组推行中主要有以下优缺点。

1. 优点

①能建立班组长与员工之间的沟通渠道，增强班组长与员工之间的联系，扩大班组长的影响。

②在日常工作中即可进行，可不耽误工作时间、节约培训费用。

③更有针对性，通过学习，提高员工工作技能。

④有利于对工作成果作出适当的评估。

2. 缺点

①缺乏新鲜感和紧张感。

②有时可能会因为业务太忙而不能保证培训工作的顺利进行。

③有时还可能因为培训技巧不合适而收不到预期的培训效果。

现场辅导

二、现场OJT的要点

1. 帮助员工制定明确的绩效目标

首先得让员工知道自己该做什么，该做到什么程度，把工作做好的标准是什么。班组长要帮助员工制定明确的绩效目标，帮助员工提高制定目标的能力，让员工学会用目标指导自己的工作。

在指导员工制订目标计划时，要明确目标。应该：

（1）符合公司的发展战略。

（2）符合管理者的意图。

（3）符合员工的职位要求。

（4）有严格的考核标准。

（5）有明确的截止期限。

（6）符合员工发展的要求，等等。

2. 帮助员工有效地执行目标

没有有效的执行，任何美好的设想和规划都只能是文件里的一些漂亮词汇的组合，没有任何实际意义。另外，由于工作过程中流程的问题、人际关系的问题、员工的能力问题、一些突发事件、其他未可预料的问题的客观存在，可能会导致员工在执行目标的过程中出工不出力，费力不讨好，导致员工执行目标的变形。

为防止这些问题的出现，保证绩效目标得到有效执行，班组长必须在日常的工作当中继续导入 OJT 的理念，在执行目标的过程中持续与员工保持绩效沟通，不断强化对员工的在职培训，不断对员工进行业绩方面的辅导，使员工在执行目标的过程中不断提高执行力。

3. 领导员工创新工作

创新是对原有的工作的改善和提高，是对未来的深入思考和前瞻性的预测。唯有不断创新，员工才能不断地被激励，潜能才能不断地被挖掘出来，培训才更有效果。

创新工作就是鼓励员工在工作过程中不断对工作做出前瞻性的思考，不断提出创新的建议，改善工作流程，提高工作效率，让员工在工作过程中不断被创新所激励，不断激发创新的动机和潜能，使员工的潜能得到最大限度的开发和利用。

4. 帮助员工总结工作

总结才能提高，总结才能更加清楚自己的实力，才能明确改进的方向和方法，班组长必须帮助员工不断地对自己的工作做出总结，从总结中获得提高和进步。

班组长应鼓励员工向自己汇报工作进展情况，鼓励员工提出工作过程中遇到的障碍，提出有关资源、协调、推动的请求，帮助员工更加高效地工作。

在员工所定目标的截止日期来临时，班组长须花时间和员工对过去一段时间的工作，对员工工作中的不足之处提出建设性的建议，对员工正面的表现进行鼓励，通过总结，让员工看到自己的工作成果和工作中存在的不足，以便于不断地调整自己，使工作更加符合要求，更加高效。

班组现场 OJT 实施人

班组现场 OJT 主要由车间主管和班组长等基层管理人员负责实施。

三、班组现场 OJT 实施的五个步骤

班组现场 OJT 适用于技巧、技术与操作型任务。通过此方法可以协助下属熟练掌握技术，学习新技巧。具体分五个步骤：

步骤一：说明。

向学习者说明即将学习的事项、重要性、操作要点与步骤。

步骤二：示范。

由指导者或示范人员亲自操作。包括以下要点：

①一边作示范、一边解释说明每一项工作步骤。

②让员工看完整个操作过程后，对整个操作过程有一个整体的了解。

③观察员工的表情、态度，了解员工对工作的熟悉程度。

④鼓励员工提问题，认真地向其进行解释、说明，直到他完全了解为止。

⑤解释说明要按照一定的顺序进行，不能漏掉某些步骤。

⑥每次培训内容不宜过多，要适可而止。

步骤三：操作。

让学习者自己操作一次，并观察其动作是否正确，是否依照规范操作。如果有误，或是偏差，应该立即纠正，避免养成不良的习惯。

步骤四：边做边说。

由学习者自己一边操作一边说明要点，此步骤的目的是确保学习者的想法与动作的一致性，并能掌握所有的要点。

步骤五：定期检查。

正确者予以鼓励，错误者要加以纠正。班组现场 OJT 法的成功要诀在于事前的准备，动作要加以分解标准化，如能编成口诀更佳。另外，是一次一个动作，以便学习与观察。善用此方法，可以让下属快速正确学会许多新的技能，对于快速变迁的环境，极具意义。

四、班组现场 OJT 的具体内容

（1）工艺原理方面：原料及产品性质。

（2）设备结构及性能方面：结构及主要尺寸构造原理；设计指标；维护保养要求。

（3）工艺流程及指标方面：详细流程；工序控制点；厂控和一般工艺指标；主要指标的控制原理和上下限。

（4）操作和事故处理方面：正常操作；事故处理；异常情况的判断和处理。

表 5－6　现场 OJT 的成功与失败要件表

	项　目	件　数	%
OJT 成功要件	沟通良好		
	督促使之自立、自主		
	掌握下属的性格与能力		
	考虑到下属的立场		
	上司提供样本供参考		
	褒奖与责备的方法佳		
	有做检查与跟进		
	目标明确		
	清楚明了的指导		
	具备上司应有的资质		
	其他		
	合计		

（续表）

	项 目	件 数	%
OJT失败要件	沟通不良		
	交付工作的方法有问题		
	未做工作的检查与跟进		
	未让下属充分地了解		
	未了解下属的个性与能力		
	上司本身有问题		
	未清楚地做工作指示		
	片断地、自以为是地指导		
	放任下属不管		
	不让下属自立、自主		
	褒奖与责备的方法不佳		
	未站在下属的立场着想		
	工作指示时单向性		
	其他		
	合计		

第六章　强化管理制度，管理有方有圆

第一节　班组的有效监督与控制

对员工的控制就是监督、约束员工的行为，并对其行为结果进行评价。监督和控制员工日常工作情况是班组长的工作职责之一。

一、有效控制的原则

有效控制的原则是：

（1）知道标准，必要时使用标准。

（2）相信员工知道标准并且了解标准。

（3）使该标准同其他标准协调一致，保持一致性。

（4）注意反馈信息并积极去收集。

（5）精确而又仔细地解释反馈信息。

（6）按实际情况需要安排活动时间。

（7）采取例外控制。谁也无法控制每件事情，因此，要集中重点，处理一些明显的偏差。

（8）随访。使用强化、奖励和惩罚措施，若需要，建立行为规范，防患于未然。

二、班组长如何进行有效的员工监督

监督包括投入监督、工序监督、产出监督，班组长可以按此监督员工表现。投入监督是对人员、资金、设备和用于生产的物料进行检查；产出监督重点是成本、质量、效率、士气和交货期与预期情况作比较。对班组长来说，工序监督是最重要的监督，也最普遍。

班组长主要应用公司有关规定、守则，以及标准作业流程，来直接监督和控制员工行为。

三、如何建立和保持良好的纪律

1. 采取纪律措施

当违反纪律或犯错误时，纪律措施是一项可取的正确方法。绝大多数公司都有班组长可循的规章制度。一旦违纪出现，对违纪者按以下原则进行适当教育：

①若违纪不严重，处以口头警告或罚款。

②书面警告或罚款。把采取的措施成文并复印送其他负责人。

③停薪留职或结清工资解雇。也许还要罚款，作一书面记录。

④最后的选择是解雇。它是公司最严厉的惩罚，在所有其他方法都无用时采用。它必须有具体的手续，并有文件证明。

除纪律惩罚外，绝大多数公司都具体地规定了错误的类型及相应措施，对每种错误及其重犯者都有具体的对应措施。

什么是纪律

纪律就是自我控制。

建立和保持纪律要因人而异，需要手段和技巧。

保持纪律的原则是惩罚。

2. 纪律处理决定的策略

由于任何规章和惩罚条例都不可能面面俱到，考虑得细致入微，因此班组长必须进行判断，并准备按自己的判断采取措施。员工对同班组长的决定玩“警察找小偷”的游戏很精通，他们将设法缓和气氛，诱使班组长陷入困境。新上任的班组长同没有受过重大教训的老班组长一样，在这种情况下只能屈服。下面的建议有助于班组长避免这类问题：

①相信人们清楚并且理解这些规章制度。

②坚决实施这些制度。

③对事不对人。

④避免作无益又烦琐的分析判断。对形势作合理评价，并以此为准。

⑤立即行动。即时、持续、非个人、正确无误。

⑥使其具有建议性。惩罚集中于你针对的行为，解雇也应如此，不要为积怨而进行报复。

⑦不管如何，只要可能，要在任何惩罚之前，试用一下强化手段，或借助惩罚使用强化手段。

第二节　员工行为管理

《员工基本守则》是员工必须遵守的行为规范，是公司对员工日常行为的管理制度。包括个人道德修养，遵守社会公德，遵纪守法，遵守职业道德，遵守公司的规章制度，不损害企业和他人利益，保守公司商业机密，遵守个

使用礼貌用语

人薪酬保密制度，节约用电、用水、用纸等公司及社会资源，讲究清洁卫生，注重个人形象，使用礼貌用语，倡导文明礼仪，等等。

一、行为规范管理

1. 什么是行为规范

行为规范是企业员工共同遵守的行为准则。主要包括岗位规范、形象规范、语言规范、社交规范、会议规范、安全卫生规范、礼仪规范等。

2. 班组长的职责

（1）模范遵循公司行为规范。

俗话说，“榜样的力量是无穷的”。班组长只有自己模范执行公司制度，员工才会跟着执行。如果班组长自己都不遵循，就别指望员工有效执行。

（2）引导和监督班组成员。

作为班组长，必须正确引导和时时监督班组成员遵守公司制定的行为规范。

3. 行为规范范例

某公司员工行为规范

一、岗位规范

（一）从上班到下班

1. 上班的时候。

1.1 遵守上班时间。因故迟到和请假的时候，必须事先通知，来不及的时候必须用电话联络。

1.2 做好工作前的准备。

1.3 铃一响就开始工作。

2. 工作中。

2.1 工作要做到有计划、有步骤、迅速踏实地进行。

2.2 遇有工作部署应立即行动。

2.3 工作时不扯闲话。

2.4 工作时不要随便离开自己的岗位。

2.5　离开自己的座位时要整理桌子，椅子半位，以示主人未远离。

2.6　长时间离开岗位时，可能会有电话或客人，事先应拜托给上司或同事。椅子全部推入，以示主人外出。

2.7　打开计算机传阅文件，网上查看邮件。

2.8　不打私人电话。不从事与本职工作无关的私人事务。

2.9　在办公室内保持安静，不要在走廊内大声喧哗。

3. 办公用品和文件的保管。

3.1　办公室内实施定置管理。

3.2　办公用品和文件必须妥善保管，使用后马上归还到指定场所。

3.3　办公用品和文件不得带回家，需要带走时必须得到许可。

3.4　文件保管不能自己随意处理，或者遗忘在桌上、书柜中。

3.5　重要的记录、证据等文件必须保存到规定的期限。

3.6　处理完的文件，根据公司指定的文件号随时归档。

4. 下班时。

4.1　下班时，文件、文具、用纸等要整理，要收拾桌子，椅子归位。

4.2　考虑好第二天的任务，并记录在本子上。

4.3　关好门窗，检查处理火和电等安全事宜。

4.4　需要加班时，事先要得到通知。

4.5　下班时，与同事打完招呼后再回家。

（二）工作方法

1. 接受指示时。

1.1　接受上级指示时，要深刻领会意图。

1.2　虚心听别人说话。

1.3　听取指导时，做好记录。

1.4　疑点必须提问。

1.5　重复被指示的内容。

1.6　指示重复的时候，首先从最高上司的指示开始实行。

2. 实行时。

2.1　充分理解工作的内容。

2.2　遵守上司指示的方法和顺序，或视工作的目的而定。

2.3 实施决定的方案，需要别的部门的人协助时，要事先进行联络。

2.4 备齐必要的器具和材料。

2.5 工作经过和结果必须向上司报告。

2.6 工作到了期限不能完成时，要马上向上司报告，请求提示。

2.7 任务实施时，遇到疑问和上司商量。

2.8 检查被指示的内容和结果是不是一致。

3. 报告时。

3.1 工作完后，马上报告。

3.2 先从结论开始报告。

3.3 总结要点。

3.4 写报告文书。

3.5 根据事实发表自己的意见。

4. 工作受挫的时候。

4.1 首先报告。

4.2 虚心接受意见和批评。

4.3 认真总结，相同的失败不能有第二次。

4.4 不能失去信心。

4.5 不要逃避责任。

（三）创造愉快的工作环境

1. 打招呼。

1.1 早上上班时要很有精神地说“早上好”。

1.2 在公司内外，和客人、上司、前辈打招呼，同样他们也会和你打招呼。

1.3 开朗而有精神地同别人打招呼，会让整个公司气氛很活跃、有生气。

2. 努力愉快地工作。

2.1 工作中自己的思想要活跃。

2.2 通过工作让自己得到锻炼成长。

2.3 为他人愉快而工作。

2.4 相互理解、信任，建立同事间的和睦关系。

3. 互相交谈。

3.1 常会有引起个人烦恼、个人解决不了或者决定不了的事情，为了找到好的解决方法，大家应经常在一起互相讨论交谈。

3.2 “三人行必有我师焉”，有问题时一个人搞不明白，很多人在一起商谈就明白了。互相讨论时，可以从不知到知，使自己明白不足，从而提出好的意见和想法。

3.3 从互相讨论变为互相帮助。根据讨论大家互相制约、互相理解，人与人将产生新的关系。在集体中，要有勇气敢于发表意见。

4. 健康管理。

4.1 保证睡眠，消除疲劳。

4.2 为了消除体力疲劳，缓解工作压力，应适量参加体育活动。

（四）因公外出

1. 因公外出按规定逐级办理请假手续，无特殊原因不可用电话、口头捎话请假。

2. 因公外出时需向同事或者上司交代工作事宜，保证工作衔接。

3. 因公在外期间应保持与公司的联系。

4. 外出归来及时销假，向上司汇报外出工作情况。

5. 外出归来一周内报销差旅费。

二、形象规范

1. 着装统一、整洁、得体。

1.1 服装正规、整洁、完好、协调、无污渍，扣子齐全，不漏扣、错扣。

1.2 在左胸前佩戴好统一编号的员工证。

1.3 上班时必须穿工作服。

1.4 衬衣下摆束入裤腰和裙腰内，袖口扣好，内衣不外露。

1.5 着西装时，打好领带，扣好领扣。上衣袋少装东西，裤袋不装东西，并做到不挽袖口和裤脚。

1.6 鞋、袜保持干净、卫生，鞋面洁净，在工作场所不打赤脚，不穿拖鞋，不穿短裤。

2. 仪容自然、大方、端庄。

仪容要自然、大方、端庄

2.1 头发梳理整齐，不染彩色头发，不戴夸张的饰物。

2.2 男职工修饰得当，头发长不遮额、侧不掩耳、后不触领，嘴上不留胡须。

2.3 女职工淡妆上岗，修饰文雅，且与年龄、身份相符。工作时间不能当众化妆。

2.4 颜面和手臂保持清洁，不留长指甲，不染彩色指甲。

2.5 保持口腔清洁，工作前忌食葱、蒜等具有刺激性气味的食品。

3. 举止文雅、礼貌、精神。

3.1 精神饱满，注意力集中，无疲劳状、忧郁状和不满状。

3.2 保持微笑，目光平和，不左顾右盼、心不在焉。

3.3 坐姿良好。上身自然挺直，两肩平衡放松，后背与椅背保持一定间隙，不用手托腮。

3.4 不跷二郎腿，不抖动腿，椅子过低时，女员工双膝并拢侧向一边。

3.5 避免在他人面前打哈欠、伸懒腰、打喷嚏、抠鼻孔、挖耳朵等。实在难以控制时，应侧面回避。

3.6 不能在他人面前双手抱胸，尽量减少不必要的手势动作。

3.7 站姿端正。抬头、挺胸、收腹、双手下垂置于大腿外侧或双手交叠自然下垂；双脚并拢，脚跟相靠，脚尖微开。

3.8 走路步伐有力，步幅适当，节奏适宜。

三、语言规范

1. 会话亲切、诚恳、谦虚。

1.1 语音清晰、语气诚恳、语速适中、语调平和、语意明确言简。

1.2 提倡讲普通话。

1.3 与他人交谈，要专心致志，面带微笑，不能心不在焉，反应冷漠。

1.4 不要随意打断别人的话。

1.5 用谦虚态度倾听。

1.6 适时的搭话，确认和领会对方谈话内容、目的。

1.7 尽量少用生僻的专业术语，以免影响与他人交流的效果。

1.8 重要事件要具体确定。

2. 自我介绍。

2.1 公司名称、工作岗位和自己的姓名。

2.2 公司外的人可递送名片。

2.3 根据情况介绍自己的简历。

3. 文明用语。

3.1 严禁说脏话、忌语。

3.2 使用“您好”“谢谢”“不客气”“再见”“不远送”“您走好”等文明用语。

四、社交规范

1. 接待来访微笑、热情、真诚、周全。

1.1 接待来访热情周到，做到来有迎声，去有送声，有问必答，百问不厌。

1.2 迎送来访，主动问好或话别，设置有专门接待地点的，接待来宾至少要迎三步、送三步。

1.3 来访办理的事情不论是否对口，不能说“不知道”“不清楚”。要认真倾听，热心引导，快速衔接，并为来访者提供准确的联系人、联系电话和地址，或引导到要去的部门。

2. 访问他人。

2.1 要事先预约，一般用电话预约。

2.2 遵守访问时间，预约时间5分钟前到。

2.3 如果因故迟到，提前用电话与对方联络，并致歉。

2.4 访问领导，进入办公室要敲门，得到允许方可入内。

2.5 用电话访问，铃声响三次未接，过一段时间再打。

3. 使用电话。

3.1 接电话时，要先说“您好”。

3.2 使用电话应简洁明了。

3.3 不要用电话聊天。

3.4 使用他人办公室的电话要征得同意。

4. 交换名片。

4.1 名片代表客人，用双手递接名片。

4.2 看名片时要确定姓名。

4.3 拿名片的手不要放在腰以下。

4.4 不要忘记简单的寒暄。

4.5 接过名片后确定姓名正确的读法。

5. 商业秘密。

5.1 员工有履行保守公司商业秘密的义务。

5.2 不与家人及工作无关的人谈论公司商业秘密。

5.3 使用资料、文件必须爱惜，保证整洁，严禁涂改，注意安全和保密。

5.4 不得擅自复印、抄录、转借公司资料、文件。如确属工作需要摘录和复制，凡属保密级文件，需经公司领导批准。

五、会议规范

1. 事先阅读会议通知。

2. 按会议通知要求，在会议开始前5分钟进场。

3. 事先阅读会议材料或做好准备，针对会议议题汇报工作或发表自己的意见。

4. 开会期间关掉手机、BP机，不会客，不从事与会议无关的活动，如剪指甲、交头接耳等。

5. 遵从主持人的指示。

6. 必须得到主持人的许可后，方可发言。

7. 发言简洁明了，条理清晰。

8. 认真听别人的发言并记录。

9. 不得随意打断他人的发言。

10. 不要随意辩解，不要发牢骚。

11. 会议完后向上司报告，按要求传达。

12. 保存会议资料。

13. 公司内部会议，按秩序就座，依次发言。发言时，先讲“××汇报”，结束时说：“××汇报完毕”。

14. 保持会场肃静。

六、安全卫生规范

1. 安全工作环境。

1.1 在所有工作岗位上都要营造安全的环境。

1.2 工作时既要注意自身安全，又要保护同伴的安全。

1.3 提高安全知识，培养具备发生事故和意外时的紧急管理能力。

1.4 爱护公司公物，注重所用设备、设施的定期维修保养，节约用水、用电、易耗品。

1.5 应急电话，市内伤病急救120；市内火警119；市内匪警110。

2. 卫生环境。

2.1 员工有维护良好卫生环境和制止他人不文明行为的义务。

2.2 养成良好的卫生习惯，不随地吐痰，不乱丢纸屑、杂物，不流动吸烟。办公室内不得吸烟。

2.3 如在公共场所发现纸屑、杂物等，随时捡起放入垃圾桶，保护公司环境的清洁。

2.4 定期清理办公场所和个人卫生。将本人工作场所所有物品区分为有必要与没有必要，有必要的物品依规定定置管理，没有必要的清除掉。

七、上网活动规范

1. 工作时间不得在网上进行与工作无关的活动。

2. 不得利用国际互联网危害国家安全，泄露国家机密，不得侵犯国家的、社会的、集体的利益和公民的合法权益，不得从事违法犯罪活动。

3. 不得利用互联网制作、复制、查阅违反宪法和法律、行政规定的以及不健康的信息。

4. 不得从事下列危害计算机网络安全的活动。

4.1 对计算机信息网络功能进行删除、修改或者增加。

4.2 对计算机信息网络中储存、处理或者传输的数据和应用程序进行删除、修改或者增加。

4.3 制作传播计算机病毒等破坏程序。

八、人际关系处理规范

1. 尊重上级，不搞个人崇拜，从人格上对待下级，营造相互信赖的工作气氛。

2. 不根据自己的理解对待同事，关心同事，营造“同欢乐，共追求”的氛围。

3. 尊重他人，肯定、赞扬他人的长处和业绩，对他人的短处和不足，进行忠告、鼓励，营造明快和睦的气氛。

4. 相互合作，在意见和主张不一致时，应理解相互的立场，寻找能共同合作的方案。

5. 禁止派别，不允许在工作岗位上以地缘、血缘、学员组成派员。

九、意见沟通规范

1. 虚心接受他人的意见。

2. 不要感情用事。

3. 不要解释和否定错误。

4. 真诚地对待他人，对他人有意见应选择合适的时机和场合当面说清楚，不要背后乱发议论。

5. 不要看他人的笑话，在公众场合出现他人有碍体面、有违公司规定的行为时，应及时善意地提醒。

6. 对领导的决策和指示要坚决执行。有保留意见的，可择机反映，但在领导改变决策之前，不能消极应付。

7. 不要胡乱评议领导、同事或下级，更不能恶语伤人。

8. 公司内部设有厂务公开栏、公告栏以及公司在局域网上开辟有厂务公开、金点子及公司建设等栏目，定期发布各种公司动态、业务活动、规章制度等信息，以让员工及时了解公司的业务发展和变化情况，并提出意见和建议。

十、附则

本规范于××××年××月××日起试行，不妥或不全面者待修改或补充。解释权归公司综合部。

二、礼仪形象管理

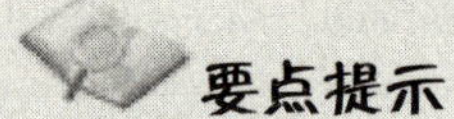

要点提示

礼仪是在人际交往中，以一定的、约定俗成的程序、方式来表现的律己、敬人的过程，涉及穿着、交往、沟通、情商等内容。

礼仪规范的对象是个人行为修养，它适用于人与人之间，团体与团体之间的交往。

1. 礼仪的原则

一是敬人的原则。

尊敬他人，是人际交往获得成功的重要保证，也是礼仪的核心。敬人的原则，就是要求在运用礼仪时，务必将对交往对象的恭敬与重视放在首位，切勿伤害对方的自尊心。

二是自律的原则。

自律，就是要克己，慎重。就是要在运用礼仪时，积极主动，自觉自愿，表里如一，自我对照，自我反省，自我要求，自我检点，自我约束，不允许妄自菲薄，自轻自贱；也不能人前人后不一样，生人熟人面前不相同。

三是适度的原则。

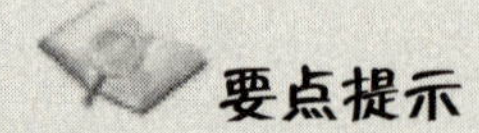

要点提示

班组长要重视礼仪，定期开展礼仪培训工作。只有坚持不懈地倡导个人礼仪，扎扎实实地开展礼仪培训，公司形象才会彻底改观和大幅提升。

运用礼仪，与做其他事情一样，讲究具体问题具体分析，而且应当牢记过犹不及。所谓适度，就是要求在运用礼仪时，既要掌握普遍规律，又要针对具体情况，认真得体，掌握分寸，不能做得过了头，也不能做得不到位。

四是真诚的原则。

应用礼仪，必须诚心诚意，待人以诚。这样去做，待人友好与敬意才易于为他人所接受。不允许在运用礼仪时逢场作戏，言行不一，口是心非，投机取巧，作假骗人，这就是真诚的原则的含义。

2. 礼仪的应用

（1）对朋友的态度要永远谦恭，要常常微笑着同别人交谈、交往。

（2）对周围的人要时时保持友好相处的关系，寻找机会多为别人做些什么，例如，你的同事病了，你能想到为他做一碗可口的汤，别人对你就会经久难忘。

（3）当别人给你介绍朋友时，你应集中精力去记住人家的名字。在以后的交往中，你一见面就能叫出他的名字，人家就会觉得你很热情，很有心。

（4）要学会容忍，克服任性，尽力理解别人，遇事要设身处地为别人着想。做到这一点就能让朋友感到亲切、可信、安全。

三、企业机密管理

1. 保密的含义

“保密”是一种社会行为，是人或社会组织在意识到关系自己切身利益的事项如果被他人知悉或对社会公开，可能会对自己造成某种损害，因而，对该事项所实施的一种保护行为。简言之，“保密”是指人们为了维护自身的利益，人为地控制某些信息，使之不被扩散的行为。

为什么要有公司保密规定

21世纪是信息社会，也是竞争的社会，信息就是竞争优势，就是金钱。公司雇员在处理事务的过程中又不可避免地会接触到对公司生存具有重大意义的信息。这样公司就面临一个风险：员工一旦离开公司，就可能把这些重要信息公布出去，或者透露给自己的竞争对手。为了防范这一风险，诞生了保密协议这一制度。

2. 保密协议

在我国，法律允许劳动关系当事人之间通过合同约定有关保守商业秘密的权利和义务。《中华人民共和国劳动法》第二十二条规定：“劳动合同当事人可以在劳动合同中约定保守用人单位商业秘密的有关事项。”

保密是保护公司合法权利的措施

员工与用人单位之间的保密约定，既可以保密条款的形式写入劳动合同，也可以单独订立一份保密协议。两种形式的效力是相同的。

保密条款或保密协议中双方当事人的权利和义务由双方当事人自行协商而定。

保密条款或保密协议中应写明保密的范围、期限、员工应履行的保密义务，以及员工违反保密约定时应承担的责任。

保密的期限一般与劳动合同期相同，如长于劳动合同期，则长于合同期的保密期限一般通过竞业限制条款来约束。

3. 班组长的义务和责任

班组长有义务和责任告知班组成员相关保密制度和重要事项，并监督执行。

第三节 员工出勤管理

出勤管理是班组员工管理的首要方面，事关员工考勤管理和工资结算，影响到现场人员调配和生产进度，涉及人员状态把握和班组能否正常运转。只有随时把握员工的出勤状态并进行动态调整，才能确保日常生产顺利进行，才能使车间上下各道工序在良好的配合下达到效率最大化。出勤管理的主要内容是作息管理、请假管理和出差管理。

一、作息管理

1. 作息管理的内容

时间管理是指管理员工是否按时上下班、是否按要求加班等，其核心为管理员工是否按时到岗，主要表现为缺勤管理。一般来说，员工缺勤有迟到、早退、请假、旷工、离职等几种情形。

员工出勤的时间管理可以根据考勤进行出勤率统计分析，从个人、月份、淡旺季、季节、假期等多个角度分析其规律。例如，夏季炎热，员工体力消耗大，因身体疲劳或生病原因缺勤的情形就会增多。掌握历年来的规律能为班组定员及设置机动人员提供依据，有助于班组长提前准备、及时调配。

顾名思义，“作”就是工作，“息”就是休息。

2. 作息管理的要求

（1）明确时间。上下班有个打卡时段，在规定的时段必须完成交接班；否则，流水线作业必定大受影响。

（2）统一执行。一般来说，大多数员工都能执行上班时间，按时上班。这里说的主要是休息。有人说，我休息不休息，关你什么事？错！一是不按时休息，工作精力就会受影响；二是你不休息会影响其他人的休息；三是大量的员工不按时休息，在有限的工厂空间，必然会影响整个公司秩序；四是如果大量员工到其他公司玩，会影响自己公司的形象。

所以，班组长不仅要在上班时间管理你的员工，下班后也要管住你的员工。

二、请假管理

员工的假期分法定节假日、年休假、事假、病假、婚假、产假、丧假、工伤假共八种，这些假的处理，公司（工厂）会有详细的规定和说明。上面已经阐述了工作之余员工不按时休息的影响，作为金牌班组长，必须时时刻刻管好你的员工。

这里说的“管好”，并不是要限制员工的人身自由，而是指即使是休息不上班的员工，你也必须清楚他们在做什么，在什么地方，以便突然需要召集时，能够及时通知到他们，并让他们及时赶回来。所以，建立班组内部请假制度或活动告知制度很有必要。

三、出差管理

（1）员工出差前应填写“出差申请表”，主管经理签字后方可办理借款手续。出差期限由主管经理视情况需要，事前予以核定。

（2）出差途中除因病、遇意外灾害或工作实际需要经请示主管经理批准延时外，不得因私事或借故延长出差时间。

（3）出差回来后要及时报销出差费用。

范例：某企业出勤管理制度

公司出勤管理制度

第一章　总则

第一条　为加强对公司员工的出勤管理，使全体员工养成守时习惯，准时出勤，特制定本制度。

第二条　本规定适用于公司全体员工的出勤管理。

第二章　出勤管理规定

第一条　员工正常工作时间为9:00～12:00，13:30～18:00，每周六9:30～12:00为全体员工参加培训学习时间，周六下午和周日不上班（加班另行通知），因季节变化需调整工作时间由人力资源部另行通知。

第二条　考核内容：

a. 上班时间已到而未到者，即为迟到；

b. 未到下班时间而提前离开者，即为早退；

c. 在工作时间内未经领导批准而离开者，即为擅离职守；

d. 迟到、早退或擅离职守超过 30 分钟，或未经准假而不到班者，均为旷工，不到半天按旷工半天处理，超过半天不到 1 天者，按 1 天处理，依此类推。

第三条　本公司员工实行上下班签到制度。

第四条　本公司除以下人员外，均应按规定于上下班时间签到。

a. 总经理和副总经理以及经总经理核准免于签到者；

b. 因公出差填妥“出差申请单”并经部门经理核准者；

c. 因故请假，经部门经理核准者；

d. 临时事故，但事后说明事由，经部门经理核准者。

第五条　本公司员工上下班均应亲自签到，如有下列情况之一者，均以旷工 1 天论，并按情节轻重酌情惩处。

a. 委托他人代签者；

b. 有涂改情况者。

第六条　员工一个月迟到、早退、擅离职守累计达三次者扣发 80 元，达 5 次者扣发 200 元，超过 5 次者扣发月全额工资的 15%，超过 10 次者予以辞退。

第七条　员工一个月旷工 3 天者予以辞退，旷工 1 天扣发工资 10%，旷工 2 天扣发工资 20%，不足 1 天扣发工资 5%。

第八条　员工外出办理业务前须向本部门负责人说明外出原因及返回公司的时间，否则按外出办私事处理。

第九条　员工因公出差，需事先填写“出差登记表”。

第十条　出差人员应于出差前办理登记手续并交至人力资源部备案。凡过期或未填写出差登记表者不予报销出差费用，特殊情况需报总经理审核。

第三章　附则

第一条　本规定如有未尽事宜，呈报总经理核定修订。

第二条　本规定经总经理批准后于 2012 年 1 月 1 日开始生效。

第四节　员工作业纪律

状态管理是指对已出勤员工的在岗工作状态进行管理。班组长可通过观察员工表现、确认工作质量来把握员工的精神状态、情绪和体力情况，必要时可进行了解、交流、关心、提醒、开导。当发现员工状态不佳，难以保证安全和产品质量时，班组长要及时采取措施进行处理；如果发现员工因个人困难而心绪不宁甚至影响工作时，班组长要给予真诚的帮助。因此，班组长要学会察言观色，对员工的关心要发自内心，确保生产顺利进行，确保员工人到岗、心到岗、状态到位、结果到位。

一、工作基本要求

（1）工作时间内不应无故离岗、串岗，不得闲聊、吃零食、大声喧哗，确保办公环境的安静有序。

（2）新入职员工的试用期为三个月，员工在试用期内要按月进行考评。详见“员工试用期考核表”。

（3）公司内部制定的“员工日程表”是衡量员工完成工作量的依据，要求员工每天要认真、详尽地填写，作为公司考核员工工作量的标准。

（4）职员间的工作交流应在规定的区域内进行（大厅、会议室），如需在个人工作区域内进行谈话的，时间一般不应超过三分钟（特殊情况除外）。

（5）加强学习与工作相关的专业知识及技能，积极参加公司组织的各项培训（培训将施行签到制，出席记录和培训考核也将作为公司绩效考核的部分）。

（6）经常总结工作中的得失，并参与部门的业务讨论，不断提高自身的业务水平。

（7）不得无故缺席部门的工作例会及公司的重要会议。

（8）员工在工作时间必须全身心地投入，保持高效率地工作。

（9）员工在任何时间均不可利用公司的场所、设备及其他资源从事私人活动。一经发现，给予警告，情节严重者，公司将予以辞退。

（10）员工须保管好个人的文件资料及办公用品，未经同意不可挪用他人的资料和办公用品。

（11）员工要保管好个人电脑，按公司规定进行文档存储、杀毒及日常维护，如发生故障应及时报告综合管理部，由公司安排修理。

二、物品管理

（1）办公用品的日常管理由综合管理部专门人员负责定期购买。

（2）每月10日之前，个人将所需要的办公用品填写在公司“购物申请单”上，由管理部专门负责人提交主管经理，审批同意后，由专门负责人将办公用品购回，根据实际需要有计划地发放。

（3）若急需某类办公用品，也应先填写“购物申请单”后，交由专门负责人，经主管经理审批同意后，方可购置。

（4）新员工到职时由综合管理部门统一配发各种办公物品。

三、工具管理

工具管理是对使用的工具进行领用、使用、保管、修复而进行的有关组织管理工作，是企业管理的一个重要组成部分。企业在生产过程中所使用的工具，也和机器设备一样，是生产力的组成要素，是企业进行生产的物质技术基础。先进的机器设备，必须要有质量优良的各种工具相配合，如此才能充分发挥作用。由于机械制造企业中工具的品种规格繁杂，数量很大，使用面广，又占用了大量流动资金，因此，搞好工具管理，对保证企业实现均衡生产、增加产品产量、提高产品质量以及劳动生产率、降低产品成本、加速资金周转等，都具有重要的意义。

工具管理的范围很广，各种刃具、量具、夹具、模具、磨具、装配工具、辅助工具等都属于工具管理的范围。工具分为通用工具和专用工具（专用工艺装备）。前者一般向外购买，后者一般由企业自制。就工作内容来说，工具管理包括工具的选择、定额制小计划编制、库存管理、日常供应组织、翻新改制等。

工具管理的任务是，保证及时地以优质、高效、成套的工具供应工作地，满足生产需要；合理地组织工具的生产、采购、保管、使用和回收，不断降低工具的消耗量和储备量，节省费用开支。

四、文件管理

文档管理指文档、电子表格、图形和影像扫描文档的存储、分类和检索。每个文本具有一个类似于索引卡的记录，记录了诸如作者、文档描述、建立日期和使用的应用程序类型之类的信息。这些文档一般归档在较便宜的磁带上，必要时归档在可读写的光盘上。

文档管理即 Document Management。文档是企业重要的智力资产。在企业中，文档一般都以电子文档的形式存在，比如 doc 格式、ppt 格式、pdf 格式、纯文本 txt 格式等；从内容上，可能是商务合同、会议记录、产品手册、客户资料、设计文档、推广文案、竞争文档管理、对手资料、项目文档、经验心得等。这些文档可能是过程性质的，也可能是公司正式发布的文档，可能处在编写阶段，也可能是已经归档不能再修改的。文档的状态包括草稿、正式、锁定、作废、归档、删除等。

文档管理就是指这些文档、电子表格、图形和影像扫描文档的存储、分类和检索。文档管理的关键问题就是解决文档的存储、文档的安全管理、文档的查找、文档的在线查看、文档的协作编写及发布控制等问题。

第五节　员工生活管理

一、食堂就餐管理

现在工厂普遍包中餐或三餐，班组长带领员工就餐时，须遵守下列规定：

（1）爱护公物。食堂的一切设备、食具有登记，有账目，不贪小便宜，对放置在公共场所内的任何物件（公家或个人），不得随便搬动或挪作他用。对无故损坏各类设备、食具者，要照价赔偿。

（2）员工就餐时要自觉排队。

（3）因工作需要不能按时就餐和有临时客餐，要事前预约和通知。

（4）员工在就餐后不要将剩饭倒在桌子上的盘子上，也不要倒进水池里；洗刷完毕，要把水龙头拧紧。

（5）为了保证饭菜的卫生，不要用手乱摸。

二、集体宿舍管理

为加强集体宿舍管理，营造良好的生活环境，保障员工的生活安全，班组长须参与集体宿舍管理。

1. 集体宿舍管理办法

凡公司员工和聘用工，由公司统一安排宿舍。

凡符合条件的员工，一律由本人提出书面申请，如实反映现家庭地址及有关情况，所在部门签署意见，经房管部门核实后统一安排。

集体宿舍管理人员应熟悉住宿人员情况，负责日常管理，定期对集体宿舍的安全用电、卫生状况、住宿情况进行检查，发现问题及时纠正处理。

集体宿舍管理人员在履行职责时，有权进入室内，住宿员工不得阻挠或刁难。

管理人员应经常检查公共设施、配套物品等，属正常损坏的，应及时联系维修，为住宿员工创造良好的生活环境。

住宿员工必须服从统一安排，统一调整，个人不得擅自搬迁居室。

住宿员工禁止留宿外来人员，严禁男女混居。

住宿员工应爱护公物，不得私自更换居室门锁、私加挂锁，室内所配备物品不得挪作他用或擅自转让，更不得任意损坏。

住宿员工应爱护公共设施，不得擅自乱拉乱接电线，不得使用100W以上的灯泡，严禁在室内使用电炉、电暖器、煤油炉、液化气炉等大负荷、易燃物品。

2. 员工集体宿舍管理制度范例

员工集体宿舍管理制度

（一）住宿须知。

1. 每位员工配置床位一个，被褥一套（棉垫、枕头各1个）。

2. 员工必须按照统一编号使用各自的床、卧具等，不得私自随意调换或多占。

3. 集体宿舍床位只限员工本人使用，不得带外来人员来宿舍住宿。

4. 自觉保持宿舍安静，不得大声喧哗，同事之间应和睦相处，不得以任何借口争吵、打架、酗酒，22:00后停止一切娱乐活动（特殊情况除外）。

5. 自觉节约水电，爱护公物，不准在墙上乱钉、乱写乱画，损坏（浪费）公物按价赔偿。

6. 自觉将室内物品摆放整齐。

7. 所有探视员工的亲属，必须经员工宿舍管理员批准后，方能进入宿舍，但不得在宿舍内留宿。探访时间为8:00～22:00。

8. 严禁在宿舍范围内搞封建迷信和违法乱纪活动。

9. 离馆退床时，必须到库房办理手续，退回宾馆所发的一切物品，遗失则照价赔偿。

（二）宿舍房内卫生管理。自觉养成良好的社会公德和卫生习惯，保持宿舍内外环境卫生清洁。

1. 宿舍房间内的清洁卫生工作由住房员工负责，实行轮值制度（如遇加班，不能当天清扫房间卫生者，可找同房间的另一人顶替），每天的卫生值班员负责卫生清洁工作。

2. 经常清理屋顶的蜘蛛网。

3. 各人床铺应摆放整齐。

4. 办公室每周检查、评比一次。

（三）消防安全管理。

1. 自觉遵守会馆各项消防安全制度。

2. 不得私自乱拉乱接电线、插座。

3. 宿舍内不得使用电热炊具、电熨斗及各种交流电器用具。

4. 人离灯熄，断电源。

5. 宿舍严禁吸烟。

6. 禁止在员工宿舍范围内燃放烟花鞭炮。

7. 出入房间随手关门，注意提防盗贼。

（四）集体宿舍出入规定。

1. 未经批准的外来人员或车辆一律不准进入大院。

2. 进入宿舍大院的人员、车辆必须出示有效证件，并服从值班人员的管理。

3. 带行李、物品出宿舍大门的员工须自觉接受管理员的检查。

4. 凡外出的员工必须在22:00前回宿舍。

5. 来访者，需凭证登记，经验证核实后方可进入。

（五）宿舍来访制度。

1. 来访人员必须服从管理人员的指挥安排。

2. 来访人员必须出示有效证件，并在来访登记表上如实填写。

3. 来访人员不得擅自进入非探访地段。

4. 来访时间为8:00~22:00。

三、员工卫生管理

班组长要带头遵循和监督员工执行下列公司卫生规范：

（1）员工须每天清洁个人工作区内的卫生，确保地面、桌面及设备的整洁。

（2）员工须自觉保持公共区域的卫生，发现不清洁的情况，应及时清理。

（3）员工在公司内接待来访客人，事后需立即清理会客区。

（4）工作区域内严禁吸烟。

（5）正确使用公司内的水、电、空调等设施，最后离开办公室的员工应关闭空调、电灯和一切公司内应该关闭的设施。

（6）爱护办公区域的花木。

第七章　科学激励员工，提升工作士气

第一节　做好员工激励的前提

工作绩效的大小，归结起来取决于两个基本因素：一是能不能；一是为不为。前者指胜任还是不胜任某项工作，是否具有承担某项工作的能力和资格；后者指从事某项工作的工作积极性。班组长不仅要培养和发掘员工的能力，更要解决员工的工作意愿和工作积极性的问题。

美国哈佛大学心理学家的一项研究表明，只要员工受到充分的激励，班组可在不增加一个人，不增加一件设备的情况下，整体生产绩效提高4倍。

一、了解员工需求，做到对症下药

自从富士康发生了“十三连跳”事件之后，国内很多企业开始意识到员工关怀的重要性，并纷纷建立员工关怀体系。不过，针对员工多样化、多层次的需求，很多企业的关怀体系并不能真正满足员工的全面需求。那么，企业如何建立能真正满足员工的关怀需求呢？又如何确保关怀措施能够“对症下药”呢？

1. 了解员工的基本需求

要做到真正关怀员工，首先应该了解员工最基本的需求，员工对企业最迫切的要求是什么？你可以从分析员工的工作状态入手，掌握整个班组团队的士气、氛围，然后制定有针对性的关怀方法，因为作为班组长的你最了解员工，最贴近员工。

2. 从细节做起，重视和关怀员工

公司要重视员工的生活和个人健康，员工食堂要提供优质低价的食品。作为班组长，你要将员工的意见和建议及时向有关部门反映。因为生活细节直接关系到员工的满意度。

3. 建设员工热爱的班组文化

每个企业都有属于自己的企业文化，很多企业管理层也认识到了企业文化对企业发展的推动作用。但是，有的企业文化能够凝聚员工的向心力，有的企业文化则刚好相反。

作为班组长，你要让你的班组形成一种快乐的班组文化，让员工在公司有归属感。为了丰富员工的业余生活，可以经常组织各类小型的文化娱乐活动，如举办演讲比赛、卡拉 OK 比赛、篮球赛、乒乓球赛等，让员工休息时可以随时参加体育锻炼，强身健体，以更充沛的精力投入工作。让员工享受到生活的乐趣，真正做到让员工快乐工作、体面生活。

二、激励员工必做的四件事

班组员工激励应先竭尽所能做好以下四件事情。

1. 让工作有趣很重要

让工作内容更有丰富性、娱乐性和挑战性，而且要求高品质的表现。

每个人至少要对其工作的一部分有高度兴趣。对员工而言，有些工作真的很无聊，班组长可以在这些工作中，加入一些可以激励员工的工作，此外，让员工离开固定的工作一阵子，如实行岗位轮换，也许会提高其创造力与生产力。

2. 让员工了解工作的意义

现代员工不是机器，班组长应协助他们了解自己的工作对整个团队的重要性和意义所在。

3. 让员工明白你对他们的期望

使员工完全明白你对他们的期望，当他们达到你们双方决定的标准时，确定能再得到你的激励。

人的行为总是为了实现某一目标；目标的价值越大，对员工的吸引力就越大；实现目标的可能性越大，对员工的吸引力也就越大。当人们有了某种需求，又有达到目标的可能性，才会有积极性去采取行动。

4. 让员工明白工作表现与奖赏挂钩

班组长应让员工知道，他的工作努力程度与他的工作成果以及报酬奖赏之间有明确的关联性。

员工的行为能否得到相应的绩效，主要取决于他的努力和能力。因此，为激励员工的积极性，班组长必须注意为员工实现目标创造条件，对其进行必要的指导和培训，提高他们的能力水平。

当员工知道他的工作表现与他的报酬挂钩，如员工工资的计件制，他们就会更加努力地工作，以实现他们的目标。自然而然，班组的目标也得以实现。

三、班组人员激励的六条原则

激励措施有很大的风险性，班组长在制定和实施激励时，一定要谨慎。在激励员工，使他们愿意、热诚有自信地工作之前，你必须先了解下述几个基本原则，才能寻找到正确的激励之道。

1. 激励要因人而异

由于不同员工的需求不同，相同的激励措施起到的激励效果也不尽相同。即便是同一位员工，在不同的时间或环境下，也会有不同的需求。由于激励取决于内因，是员工的主观感受，所以，激励要因人而异。

班组长在制定和实施激励措施时，首先要调查清楚每个员工真正需要的是什么。将这些需要整理、归类，然后再制定相应的激励措施。

2. 用行动去引导班组员工

和其他管理者不同的是，班组长除了管理工作外，有些还要负担一部分具体生产任务。因此，对班组长来说，当你希望班组员工做什么时，请拿出你自己的示范行为来，并要做到更优秀。

作为班组长，当然不可能不“说”，却更忌讳不“做”。“说”与“做”简单的组合有5种，其示范作用各有不同：

①说了，不做，副作用最大；

②不说，不做，副作用次之；

③不说，做了，有积极作用；

④边说，边做，有很好的示范作用；

⑤做了，再说，示范作用次之。

3. 奖惩要适度

奖励和惩罚会直接影响激励效果。奖励过重会使员工产生骄傲和满足的情绪，失去进一步提高自己的欲望；奖励过轻会起不到激励效果，或者让员工产生不被重视的感觉。惩罚过重会让员工感到不公，或者失去对公司的认同，甚至产生怠工或破坏的情绪；惩罚过轻会让员工轻视错误的严重性，从而可能还会犯同样的错误。

4. 注意公平公正性

公平公正性是员工管理中一个很重要的原则，任何不公的待遇都会影响员工的工作效率和工作情绪，影响激励效果。取得同等成绩的员工，一定要获得同等层次的奖励；同理，犯同等错误的员工，也应受到同等层次的处罚。如果做不到这一点，班组长宁可不奖励或者不处罚。

班组长在处理员工问题时，一定要有一种公平的心态，不应有任何的偏见和喜好，不能有任何不公的言语和行为。

一般来说，大家会尊敬态度强硬但公正的管理人，而强硬只有与公正相伴，员工才可能接受。

公正意味着秩序上的公正。如对员工的奖惩要特别强调有据可依，不搞无中生有的奖罚。

公正意味着制度面前人人平等。公正的立足点是制度管人，而不是人管人。

公正强调让事实说话，让数字说话，注意精确、有效。

公正是对班组长品格的一种考验，它首先要求管理人品行端正。

5. 肯定员工及其工作的价值

激励的一个基本前提是承认员工是企业价值的主要创造者，因此，首先应肯定员工及其工作的价值。每个人都有一定的能力，只是能力表现的形式不同。重视员工，发现员工的能力，合理地使用员工，使其充分发挥才能，对员工来说本身就是一种有效的激励。

6. 奖励正确的事情

管理学家米切尔·拉伯夫经过多年的研究，发现一些管理者常常有奖励不合理的工作行为。他根据这些常犯的错误，归结出应奖励和避免奖励的10个方面的工作行为（见表7－1），作为班组长，你能从中得到什么启发呢？

表7－1　应奖励和避免奖励的10个方面的工作行为

序号	工作行为
1	奖励彻底解决问题，而不是只图眼前利益的行为
2	奖励承担风险而不是回避风险的行为
3	奖励善用创造力而不是愚蠢的盲从行为
4	奖励果断的行动而不是光说不练的行为
5	奖励多动脑筋而不是奖励一味苦干的人
6	奖励使事情简化而不是使事情不必要地复杂化的人
7	奖励沉默而有效率的人，而不是喋喋不休的人
8	奖励有质量的工作，而不是匆忙草率的工作
9	奖励忠诚者而不是准备跳槽者
10	奖励团结合作者而不是互相对抗者

第二节　激励员工的方式方法

员工激励主要有三种方式：精神激励，也就是说用远大的理想和抱负来激励，这是比较常用的一种方法，也就是效果最好、成本最低的激励方式；物质激励，也是说用金钱或者说用物质来达到激励的目的，这种方法也是比较常用的方式；环境激励，即用团队里的强人来刺激那些工作效率不高或者工作态度不好的人。班组长需要根据具体情况加以选用。

一、可供班组长选择的激励方法

1. 分享成果

与员工分享成果体现了班组长对员工工作及其创造价值的肯定与赞赏。

提供培训

2. 提供培训机会

给予培训和提高的机会不仅是对优秀员工的一种肯定和奖励，对公司来说同时也是一项有价值的投资。

3. 富有挑战性的工作，包括轮岗与晋升

工作本身是具有激励作用的。

4. 授权

人人都想实现自我价值，授权体现了班组长对员工的信任和对其能力的肯定。

授权就是让别人去做原来属于自己的事情。当然，班组长不可能把管理职责委托给生产线上的工人，他们所委托的是技术性的工作，这些工作在分配任务时必须交代清楚。

5. 给予荣誉

荣誉反映了企业对团队和个人贡献的充分肯定和高度评价，是满足员工

自尊需要的重要激励手段。

6. 赞扬

多赞扬，哪怕是员工小小的贡献或进步。赞扬一定要真诚，要让员工感受到重视、尊重和自豪。表扬几乎不需要任何成本，但效用却很大。

7. 设定目标

“人若是想要造船，不是应该给他的船员造船所用的锤子和钉子，而应该是唤起他们对辽阔大海的渴望！”目标激励就是通过设定适当的目标，诱发人的动机和行为，达到调动积极性的目的。

8. 积极参与

一般而言，员工对于参与与自己的利益和行为有关的讨论有较大的兴趣。通过参与，可培养员工对企业的使命感、归属感和认同感，满足其自尊和自我实现的需要。

二、怎样对员工进行目标激励

1. 目标是激励员工的动力

目标是一个人意志的体现，是一个人努力的依据，也是鞭策一个人向前迈进的动力和源泉。

一个班组长如果在一天清晨询问员工：“昨天你们的工作进展如何？今天预计将会有什么结果？你们是否有什么新的发展计划？”班组长对员工们

制定目标的艺术：跳一跳，摘得到

这种施加无形压力的、具有确定目标意味的询问，会激励他们保持创造性的发展，使他们今天的业绩突破昨天的业绩。结果为何如此突出？很简单，这就是达到目标的有效激励的结果。

实践证明，没有目标就丧失了标准、丧失了方向、丧失了动力。再有雄心的人也会在没有目标的工作面前泄气，甚至会临阵脱逃，因为，他没有用目标来证明自我。

2. 目标应该是明确而具体

仅有目标是不行的，暧昧不明的目标不但起不到激励的作用，反而会导致班组员工对班组长意图的不同揣测。所以，班组长提出的目标应该是明确的、具体的。只有面对这样的目标，员工才能受到激励，才可以根据这个看得见、摸得着的目标，依据自己的距离、最终目标有多远来衡量目前取得的进步。如，班组长一开始就清晰告诉班组员工，他试图达到什么目标，以及他愿意牺牲什么来达到这个目标……班组员工了解得越明白，对工作就越尽心尽力，工作效益无疑也将越好。

许多企业班组长认为，目标达到与否，是衡量一个人能力高低的标准。因此他们鉴定员工绩效的办法是观察员工是否达到设定的目标，达到的设定目标越高，员工的业绩就越好。为达到目标，员工皆主动竭尽全力，以进行自我鉴定和自我肯定。故而，达到目标成为激励员工产生能力和做出效益的有效刺激因素，或者说，目标可以产生能力和效益，而且其效益是根本的、无限的。

伴随着一个又一个目标的实现，员工会逐渐明白实现目标要花多大的力气，往往还能在实现目标的过程中悟出如何用较少的时间来创造较多的价值，这会使他们更自信。反过来，这可引导班组长制定更高的目标，加重了责任也给予了更多的信任，从而刺激员工，实现更大的目标。同时，目标的实现还会让员工的内心产生强烈的成就感和重要感。

三、怎样对员工进行授权激励

1. 授权的形式

现场管理中授权的流程见下页图。

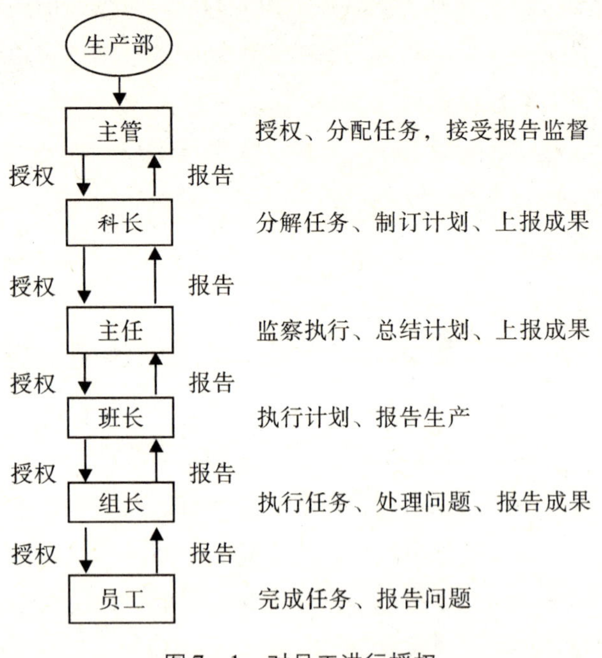

图7－1 对员工进行授权

2. 明确自身权限责任

班组长在工作中如果自身有以下的失误，不能明确本身的权限责任，就无法授权给班组员工。

①执行业务内容的不确定。

②在组织内本身地位的不明确。

③对工作的理解不充分。

④未学会对作业的指导方法。

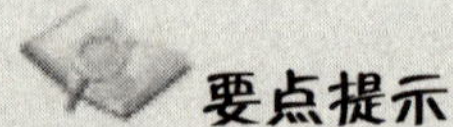

要点提示

授权赋予员工的是自由、尊重、信任。而信任是一种激励力量，从而产生自信，带来积极性。精明的管理者应该把你的下属训练成一支队伍，给他们创造舞台，并放开手脚，做到在有健全的监督机制监控下工作。

⑤未能把握班组员工的能力、性质与适应性。

3. 授权的关键

任何人都有在工作上或生活上充分表现自我意愿的欲望，这可说是人的最高欲望。

如果将马斯洛的需求层次理论套入班组员工的工作上来解释，将是：

①生理需求——设法找到职业。

②安全需求——有安定的收入及安全的工作。

③社交需求——希望在良好的作业场所、团体与上司底下工作。

④尊重的需求——希望团体中的人们与上司会认定他的存在。

⑤自我实现的需求——希望在作业场所中发挥自己的能力。

员工只要能达成其中之一，就会更进一步迈向上位需求了。

在此最重要的是第④项。作业场所中的班组长虽能认定班组员工的为人，但如不能赋予可自由地工作的权限时，班组员工在组织中就无法真正发挥第⑤项的本身能力了。授权的关键也就在此。

在作业场所中，班组员工很少会当面要求授权，但在心中却希望能得到授权。所以班组长应依班组员工的工作情况与能力，适时授权，使组织趋于活泼化。

欲激发班组员工的“工作动机”，应巧妙地将班组员工内心的欲望，与作业场所工作的行动目标联系起来。班组长应理解授权才能激发班组员工的工作动机。

4. 授权，但不弃权

天下可能没有不授权的管理者，因为如果你不授权的话就会累死你，并且劳而无功。但是，天下又有多少管理者因为授权不善而摧毁了事业，甚至最终也瓦解了自己。

在现场管理中，不授权不行，但是授权太过也不行。授权不等于弃权，授权以后也不等于就完事了，而是要在授出权力后做好监督。班组长常用的监督措施主要有：

①从机制上形成监督，如实施定期评估、检查业绩等。

②指派专人专项跟进，及时反馈现况。

③透过其他部门的工作，实现第三方监视。

④如果有自动化的信息跟进系统的话，那当然更好。

⑤管理者亲自视察工作，实行走动式管理。

授权不是授责，你所授出的仅仅是权力，并不包含责任，所以，在授权后一定不能忘记仍然要承担责任。

四、如何对员工进行物质激励

班组长受权限所限，没有最终决定对员工进行物质奖励的权力。但在第一章我们说了，班组长有权向上司提出对本班组员工的奖惩建议。包括晋升工资，颁发奖品、奖金，授予先进荣誉称号以及提出经济处罚和行政处分建议；有权制定班组内部奖金分配方案，对班组成员的劳动成果进行定时和定性考核，并按规定分配班级奖金，奖勤罚懒。

班组物质激励一般是个人奖励计划，有些公司还设有团队奖励。下面作一些简要介绍。

1. 个人奖励

个人奖励计划包括两种基本形式：按时计酬、按件计酬、按绩计酬。

（1）按时计酬。

按时计酬是最缺乏激励效果的物质奖励方式，其激励作用只是体现在每年调薪前后的一段时间，很难持久。但它也有明显的优点：

①收入稳定，给员工以安全感，便于留人和招聘。

②实施方便。

③劳动力成本易于预测。

④不会因为强调产出数量而忽视质量等。

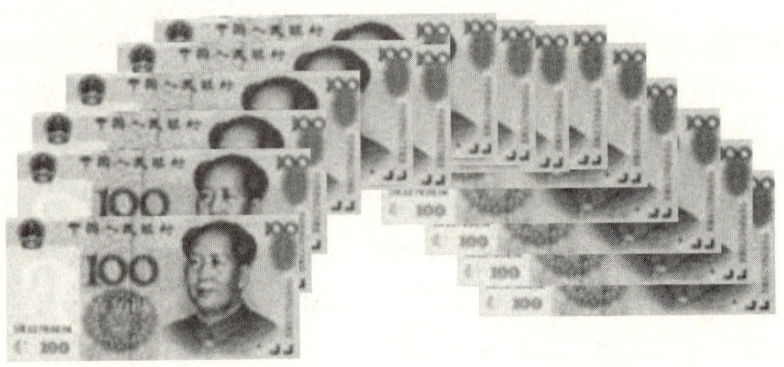

金钱是永远不过时的奖励形式

（2）按件计酬。

按件计酬对一线员工的激励作用十分明显，适用于产出数量容易计量、质量标准明晰的工作。

①简单按件计酬。

这种方法易于掌握，计算过程非常简便，因此得到普遍采用。计算公式如下：

应得工资 = 完成件数 × 每件工资率

这种方法将报酬与工作效率相结合，可以激励员工的工作表现，产品数量多的员工，收入比较多，可以使员工更加勤奋工作，减少员工偷懒。

②梅克里多按件计酬。

这种按件计酬将工人分成了三个等级，随着等级变化工资率递减 10%。中等和劣等的工人获得合理的报酬，而优等的工人则会得到额外的奖励。

③泰勒的差别按件计酬。

这种按件计酬首先要制定标准，然后根据员工完成标准的情况有差别地给予计件工资。

（3）按绩计酬。

由于按件计酬侧重产品数量而相对忽视产品质量，在其后又出现了按绩计酬。按绩计酬也有多种形式：

①标准工时制。

这种奖励制度以节省工作时间的多寡来计算应得的工资。当工人的生产标准要求高时，按照超出的百分率给予不同比例的奖金。

②哈尔西 50/50 奖金制。

哈尔西 50/50 奖金制的特点是工人和公司分享成本节约额，通常进行五五分账，若工人在低于标准时间内完成工作，可以获得的奖金是其节约工时的工资的一半。计算公式如下：

$E = TR + P(S - T)R$

其中：E 表示收入，R 表示每小时标准工资额，S 为标准工作时间，T 为实际完成时间，P 为分成率，通常为 1/2。

下面我们用一个例子来说明这种按绩计酬。如某工人工资率为 25 元/时，预计用 4 小时可完成工作，但他在 3 小时内完成了工作，他的收入是：

$E = 3 \times 25 + 1 \div 2 \times (4 - 3) \times 25 = 87.5$（元）

而且我们还会发现，$P(S - T)R$ 部分即奖金有可能大于 TR 的日薪，只要 $P(S - T) > T$，即 $S > 3T$，因此当工人的实际工作时间是预计标准时间的

1/3 时，他的奖金会超过日薪。

③罗恩制。

罗恩制的奖金水平不固定，依据节约时间占标准工作时间的百分比而定，计算公式如下：

$E = TR + [(S - T) \div S]TR$

或 $E = TR[1 + (S - T) \div S]$

下面我们举个例子加以说明。某工人完成工作的实际时间为 6 小时，标准时间为 8 小时，每小时工资额为 20 元，那么该工人的工资是：

$E = 6 \times 20 + (8 - 6) \div 8 \times 6 \times 20 = 150$（元）

奖金水平为 25%，当实际工作时间相当于标准工时的一半时，所获奖金与哈尔西的按绩计酬相同。

2. 团队奖励

尽管从激励效果来看，奖励团队比奖励个人的效果要弱，但为了促使团队成员之间相互合作，同时防止上下级之间由于工资差距过大导致出现低层人员心态不平衡的现象，所以有必要建立团队奖励计划。

有点必须注意，对优秀团队的考核标准和奖励标准，要事先定义清楚并保证团队成员都能理解。

团队奖励计划主要有三类：

（1）斯次伦计划。

斯次伦计划是以节约成本为基础的奖励。奖励主要是根据员工的工资（成本）与企业的销售收入的比例，激励员工增加生产以降低成本，因而使劳资双方均可获利。其基本计算公式如下：

奖金 =（单位销售收入工资含量标准 − 单位销售收入实际工资含量）× 销售收入 × 分配系数

（2）是以分享利润为基础的奖励，也可以看成是一种分红的方式。

（3）在工资总额中拿出一部分设定为奖励基金，根据团队目标的完成情况、企业文化的倡导方向设定考核和评选标准进行奖励。

3. 物质奖励的法则

成功的管理者必须适时地从下述各方面对员工进行物质奖励：

表7－2 物质奖励法则

序号	法 则
1	合理给予奖励的报酬
2	预先告诉雇员应得的各种报酬
3	提供各种刺激
4	根据员工业务水平的工作业绩给予报酬
5	在劳动不断发生变化的情况下，采用灵活的报酬制度
6	奖励提出具体解决方案，而非只图迅速了事者。因为有的人为求取短期效益，看起来是迅速了事，实则牺牲了长期利益
7	奖励冒险者而强调回避风险
8	奖励创新而非一味墨守成规
9	奖励果断而非犹豫不决
10	奖励工作结果而非工作时间
11	奖励精简而非无谓的复杂化
12	奖励多做不说而非说得多做得少
13	奖励品质而非速度。因为品质比加快速度和降低成本更重要
14	奖励忠于职守而非见异思迁。应在升迁、训练、发展、待遇以及工作安定性等方面增加忠诚度

第三节 员工激励的具体技巧

一、如何激发员工的工作意愿

如何激励班组员工的工作意愿，是班组长激励员工的一项重要工作。员工工作意愿不足的原因很多，对班组员工来说，主要有以下几点：

（1）主管或班组长存心找他麻烦。

（2）自己拼命干的事，却被忽视。

（3）感受不到来自上司的关怀。

（4）人际关系紧张。

激发员工工作意愿的具体措施参见下表。

表7-3 激发员工工作意愿的措施

项　目	具体措施
激发员工的工作兴趣	使员工了解工作的目的和意义
	使工作内容丰富化
	合理设计工作流程，使其符合生理和心理需求
	给员工一定的决策权
	使员工能及时了解工作的进度和工作的结果
	使员工有成就感
让员工了解对其工作的评价	让员工了解评价的项目和标准
	让员工了解相应的奖惩方式
	让员工及时了解对自己工作的评价结果
培养员工的参与意识	让员工参与班组决策
	对员工进行必要的授权
	培育员工的责任感
使员工获得满足感	给员工提供提高其素质和能力的机会
	让员工独立完成工作
	满足员工对尊重的需求
	满足员工自我实现的需求
	及时的赞美和奖励
改善人际关系	加强与员工的沟通
	为员工之间进行有效地沟通创造条件
	培养团队精神

二、如何激励班组员工士气

1. 激励员工士气法则

员工在完成一项工作后，最需要的往往是来自上司的感谢，而不仅仅是调薪，以下是激励员工士气的八大法则。

（1）向员工的工作表现表示感谢。

（2）随时倾听员工的心声。

（3）创造一个开放、信任及有趣的工作环境，鼓励新点子和积极的主动性。

（4）让每一位员工了解公司的收支情形、公司的新产品和市场竞争策略，以及讨论每位员工在公司所有计划中所扮演的角色。

（5）让员工参与那些对其有影响的决定。

（6）肯定、奖励应以个人工作表现及工作环境为基础。

（7）加强员工对工作及工作环境的归属感。

（8）提供员工学习新知识及成长的机会。

2. 激励班组员工士气的方法

（1）确保有效沟通。

员工总是渴望了解如何从事他们的工作及公司营运状况，班组长可以告诉员工公司利益来源及支出动向为开端，确定公司提供许多沟通管道让员工得到资讯，并鼓励员工提问题及分享资讯。

（2）参与决策及归属感。

让员工参与对他们有利害关系事情的决策，这种做法表示对他们的尊重及处理事情的务实态度，当事人（员工）往往最了解问题的状况、如何改进的方式；当员工有参与感时，对工作的责任感便会增加，也较能轻易接受新的方式及改变。

（3）增加培训、成长及负责的机会。

确保有效沟通

班组长对员工的工作表现给予肯定，每个员工都会心存感激。大部分员工的成长来自工作上的发展，工作也会为员工带来新的学习以及吸收新技巧的机会。对多数员工来说，得到新的机会来表现、学习与成长，是上司对其最好的激励方式。

三、如何调动与保持员工的积极性

1. 调动班组员工积极性的要点

调动积极性就是要让现场的全体人员能够积极、主动、质量良好地完成各项任务，并在此基础上积极探索创新、勇于发现问题和实施持续改进。这个过程的要点一是必须要面向全体人员，二是要实现自主创新。

（1）发动全员参与。

对于班组现场来说，全体班组员工是其基础，只要班组作业现场有一个人不参与，那么，这一个人就可能影响两个人、三个人甚至更多，就可能使大家的努力化为泡影。

要知道，班组内的每一个人，如果他起不到正面的作用的话就一定会起反面作用，这是人的本性所决定的。所以，全员参与的目的就是要调动所有人员的积极性，充分发挥和利用他们的聪明才智，让大家在质量方针的指引下齐心协力、奋勇向前，从而实现各项目标。

（2）唤醒自主创新。

在一个平庸的班组内，可能有70%以上的人都在当一天和尚撞一天钟，有20%以上的人既不想当和尚又不想撞钟，只有剩下不足10%的人员才想把钟撞好。这样的班组就算班组长再有创新意识，那也是孤掌难鸣。因此，调动积极性的另一个重要方面就是要唤醒全员的自主创新意识。

唤醒自主创新就是要激发作业人员的活力，这些内容主要包括：

①用制度约束班组员工的行动，只能朝着卖力工作的方向进行。

②平平庸庸就是落后，无功者等于有过，等于自我淘汰。

③班组间实行公平竞赛，每月表扬前两名，批评后两名。

④对于屡次评比末尾者进行停职培训，培训后仍落后者淘汰。

⑤由班组长牵头，带动班组的革新风气。

⑥开展有组织的主题活动，引导和启迪员工的意识和思维。

⑦坚决鞭策不良行为，积极鼓励先进。

⑧开展提案奖励制度。

⑨定期表彰优秀、先进个人。

通过唤醒自主创新意识活动，改变班组的整体面貌，实现全员进步。

2. 调动员工积极性的措施

（1）奖惩并举。

奖励优秀人员，是为了激励全体人员的积极性，惩罚恶行，是为了确保每一个人的行为都符合最低要求。哪怕是昨天才刚进厂的新人，只要他立了头等功，就应该论功行赏。

（2）推进5S活动。

5S管理能够创造良好的企业文化，营造班组团队精神，加强员工的归属感，最大限度地激励员工，因为：

①共同的目标容易拉近员工的距离，建立团队感。

②容易带动员工增强其上进的思想。

③得到了良好的效果。员工对自己的工作有一定的成就感。

④员工们养成良好的习惯，都变成有教养的员工，容易塑造良好的企业文化。

另外，5S管理可以极大限度地满足员工的安全需要，这是因为：

①工作场所变得宽敞明亮，信道畅通。

②地上不会随意摆放、丢弃物品，墙上不悬挂危险品，使员工人身安全有相应的保障。

（3）赋予员工工作动机。

有的管理人员简单地认为，要调动员工的积极性，除了钱还是钱，只要你肯发钱、多发钱，积极性必定能提高。其实这只不过是满足人们的第一需要，有时，钱发多了，可并没有见到积极性有多少提高。

班组长在安排下属工作时，不能只是简单地甩下几个指示、命令，要想办法诱发下属参与的积极性才是，换言之，对问题点要共有、共识、共鸣，要有更多的民主管理。

①阐明为何要这么做的目的。

不清楚工作目的，人们总是担心自己的努力白费，担心无功而返，或被人利用，当事者只有了解目的所在之后，才会想做。

②强调该工作的重要性。

人们喜欢得到承认，尤其是来自上司的承认，对能够表明自身价值的机会都不愿错过，强调工作的重要性等于强调对方的重要性。

③表明你的期待和要达到的目标。

你期待什么，要明确地告诉对方，否则下属不知道做到哪一步才能满足你的期待，就会产生不安的心理情绪。

（4）认识到“经历促成长”。

不少企业录用刚走出校门的新人时，会将他们送到不同的制造现场（车间）锻炼。“下车间”原本是为了营造经历，好让新人在日后的岗位上能有更大的发挥，然而，有的新人却不能理解这一点。

有的班组长认为，新人就该让他们吃吃苦，挫挫他们的锐气！于是对新人爱理不理的。有的新人自己觉得要学的东西，学校里早就学过了！干吗还要到现场动手做呢？心里抵触情绪很大；有的新人觉得自己被“贬”了，学非所用，怨气难消之下，一走了之。好好的一件事为什么会办砸了呢？原因在于双方对“经历促成长”缺乏正确的认识。

①遵循渐进原则，不求一步到位。

一个人的办事能力的养成是一个缓慢、复杂的过程，没有经历过的事，很难一针见血地找出其要害所在。对下属过高的要求，反而令其望而生畏，从而止步不前。

②一开始就让其体验到小成功的喜悦。

从育人的观点来看，一开始就失败的事对人打击最大，有的人可能从此一蹶不振。小成功对树立自信心极为重要，因此，要从简单易办的项目开始做起，有成功才有积极性。

③鼓励其持之以恒地做好每一件事。

每当出色完成一件事后，应立即赞扬，使其有兴趣面对下一件事。

④只问结果，不看过程。

事先只告诉其工作完成的截止日期，至于其如何完成，尽量不加干涉，由其自行决定，因为得到授权，绝大多数人自会加倍努力。

（5）做好评价反馈。

①定期评价。

每半年或一年对工作成果进行评价。对下属的工作结果要尽早表明你的意见及感想，是好是坏都要有句话，不能默不作声、拖而不表，这只会让下属对你的下一个安排不感兴趣。评价时要就事论事，把工作成果与原先设定的目标或基准相对比，好就好，不好就不好。

②适时反馈。

赞扬或责备均有尺度。过度的赞扬和过度的责备都具有危害性。尤其是对新员工，更要注意言辞上的平等性和热爱性。

3. 保持员工积极性的方法

班组生产往往松紧不一，在生产旺季，每日加班加点，这一时的激励措施也许能奏效，但员工积极性很难得以保持。如何让员工积极性得以维持，又是让班组长难办的事。

下表提供一个简单的方法，以供班组长参考。

表7-4 保持员工士气工作表

日期：
定期填写本表以便随时掌握员工及工作伙伴的积极性，并考虑如何采取有效策略使员工的积极性长久保持下去
员工积极性（高？低？平淡？不一样？）的原因是什么
我们已获得的成绩与重大胜利有
一直起积极带头作用的个人有哪些？是什么因素在激励着他们这样做
奖励意见
整个工作计划目前阶段需要强调的重点
检查表：在保持员工积极性方面你做得如何
1. 对于那些在工作中一直起积极带头作用的人员，你给予表彰与酬谢了吗？（是）（否）
2. 你是否就业已取得的成绩及其与整个工作蓝图的关系向员工及相关工作伙伴进行过通报？ （是） （否）
3. 对于取得的重大成绩和成就，你们都进行庆祝了吗？（是） （否）
4. 你近来宣讲过关于本团队战胜困难的能力了吗？（是） （否）

（续表）

日期：
5. 关于员工们工作的重要性及其与公司（或本部门）远大目标的关系，你及时向他们宣讲了吗？（是）　（否）
6. 在举行团队会议或表彰时，你记得给予员工特殊的酬劳了吗？（是）　（否）
如果对上述任一问题你的回答是“否”，就应考虑如何加以改进，或近期内采取补救措施

四、如何转变员工的消极态度

不好的态度是班组长最为关心的问题之一。员工的消极工作态度是指员工在工作过程中通过经验积累而形成对工作所持有稳定的消极的评价与行为倾向。转变员工消极的工作态度有助于提高员工的工作积极性，消除员工的消极行为，使员工形成一些企业所期望的积极行为。

1. 员工消极行为的类型与原因

（1）消极行为的类型。

研究结果表明，普通员工中普遍存在的消极行为共有下列七种类型：

①未能达到最低的工作要求。

②对别人和自己缺乏尊重。

③不能界定自己的职责。

④合作精神差。

⑤沟通水平低。

⑥行为情绪化。

⑦对工作的承诺较低。

（2）消极行为的原因。

实际上只有少部分人员缺乏职业道德，大多数普通员工非常渴望在工作中有所建树，并且希望其工作能有助于个人的未来发展。虽然大家都表示希望通过工作来改善生活和发展事业，但经常出现的现象是做得再好也是徒劳无益。是什么原因使这些普通员工放弃自己的目标、工作表现较差甚至不达标呢？调查结果显示，原因有各种各样：

①同事偷懒不出力。

②上司压制。

③不敢胜过同事。

④员工流失率高。

⑤同事间缺乏相互尊重。

⑥缺乏上司的赏识。

⑦缺乏自我控制。

2. 员工消极态度转变的方法

（1）参与实践法。

通过员工参与工作实践，在实践中不断地认识了解工作，从工作中得到启发和教育进而转变员工消极的工作态度。在管理中，我们可以通过员工参与管理、工作丰富化、提合理化建议等途径来转变员工的消极工作态度。

（2）强化法。

当员工产生消极行为时，我们可对他们的行为进行负强化或惩罚，进而转变他们的工作态度，如批评、罚款、停职、降级等。反之，要及时地给予正强化，如奖金、晋升、表扬、认同等。

（3）目标导向法。

员工的消极工作态度有时是因为班组长未能把工作的目标与员工的切身利益联系起来，即要把工作目标和员工的切身利益联系起来，从而使之成为自己的主观需要进而形成积极的态度。

（4）宣传教育法。

企业应重视利用企业文化来教育员工，陶冶员工的情操。这样可帮助员工对企业形成正确的认识，改变对工作的错误看法，有助于转变员工的消极工作态度。

（5）榜样示范法。

在企业中树立一些有血有肉、爱岗敬业的先进榜样对员工的消极工作态度的转变很有帮助。通过各种渠道使员工了解先进人物对工作的思想、情感、行为，使员工心灵的深处受到触动。

（6）恳谈法。

通过恳谈的方法逐渐向具有消极工作态度的员工提出转变的要求，有助于员工态度的转变。对员工消极的工作态度的转变，我们不能操之太急。

（7）信息沟通法。

转变员工消极的工作态度的效果与信息沟通的效果相关，而在转变员工消极的工作态度过程中，影响信息沟通效果的因素有沟通者、沟通内容、沟通对象，因此在使用这种方法时应对它们进行研究。

3．找出隐藏在背后的意图与心情

不管对方是冷淡、敌视、悲观或者挑衅，他的态度本身已经说出了他内心的许多话。而为了对人们不断变化的态度能够有所把握，班组长首先必须找出原因，亦即隐藏在某一种态度背后的意图和心情。

五、如何增强员工的自信心

1．自信心的作用

自信是一种工作动力。员工不自信就会感觉不会成功，感觉自己正在被抛弃，从而产生愤怒、厌烦等不良抵触情绪，自然也就不会有积极性，不会有高的工作效率。

被激励者对自己满意时，最容易影响他。因为他拥有自尊心，不再忧虑别人对他的看法和自己的地位。他与环境融为一体，你可以利用他的自信心去影响他。

2．增强员工自信心的方法

表7－5　增强员工自信心的方法

序　号	方　法
1	建立明确的规则，执行规则要前后一致
2	当员工彼此发生冲突时，要为他们解决问题
3	和员工谈话时，专心一致，让他们觉得受重视
4	赋予责任时，让员工以自己的方式发挥。即使事情做得不好，也不要收回他们的责任
5	诚实地表达你的感情，要求员工也诚实地表达他们的感情
6	承认自己的错误
7	让每个员工在工作范畴内发挥他的创意

（续表）

序 号	方 法
8	注意员工好的表现，不要只挑错
9	避免责骂
10	让员工知道你信任他
11	不要拿员工比来比去
12	公平，不要偏心
13	鼓励整洁
14	不要将员工和他的工作混为一谈。如果员工做错了，让他了解你不满意的是他的工作，不是他个人
15	与员工分享决策的权力
16	不要求员工做超过他们能力的事，如果员工实在不能胜任工作，可以委婉地劝他们干别行工作
17	对员工要仁慈、体恤

六、如何用人情打动员工的心

1. 记住员工的名字

你或许会有这种经验，当小孩出生时，双亲为了希望他将来能成功、幸福，千挑百选地为他命名。从懂事以来，这个一听到就令人思亲的名字，不知道被唤过多少回。历经几十年，由自己口中说出，手中写出，大家都对自己的名字有种莫名的感情，自然会非常重视它。

然而，如此重要的名字有时会被人写错，或是班组长无视它的存在，随口“你来一下”，被如此对待，没有人会心情愉快的。因此，班组长要正确地记住员工的名字，呼唤他们时，不要“喂、你”，务必要呼唤他的名字。而且尽可能亲切地呼唤，这是掌握员工情绪的第一步。

被称为名管理者的人，都会一字不差地记住员工的名字，因而能抓住他们的心。由于班组中员工人数不多，所以不要单只是熟记名字，尽可能连他本人的出生年月日或家人的事也能了如指掌。例如“张××的儿子，明年就要考大学了”，等等，随机应变地活用这些资料，以便能抓住员工的心。

2. 掌握员工的心理状况

除了亲切地呼唤员工的名字，或视情况活用员工家人的资料外，在什么情况下还可制造抓住员工的心的机会呢？结论是只要有心，随时都有机会。因为我们的心随着工作或身体等状况，经常会产生变化。只要能敏锐地掌握员工心理微妙的变化，适时地说出吻合当时状态的话或采取行动，就能抓住员工的心。

例如，当员工情绪低潮时，就是抓住员工的心的最佳时机。

①工作不遂心时。因工作失误，或工作无法照计划进行而情绪低落时，就是抓住员工的心的最佳时机。因为人在彷徨无助时，希望别人来安慰或鼓舞的心会比平常更加强烈。

②人事变动时。因人事变动而调到我们部门的人，通常都会交织着期待与不安的心情。应该帮助他早日除去这种不安。另外，由于工作岗位的变动构成人员的改变，员工之间的关系通常也会产生微妙的变化。不要忽视了这种变化。

③员工生病时。不管平常多么强壮的人，当身体不适时，心灵总是特别脆弱。

④为家人担心时。家中有人生病，或是为了小孩的教育等。

烦恼时，心灵总是较为脆弱。这些情形都会促使员工的情绪低落，所以适时的慰藉、忠告、援助等，会比平常更容易抓住员工的心。因此，一方面，平常就要收集员工的个人资料，然后熟记于心；另一方面，班组长必须及早察觉员工心灵的状态。

察觉员工内心的要点：

①脸色、眼睛的状态（闪烁着光辉、咄咄逼人、视线等）。

②说话的方式（声音的腔调、是否有精神、速度等）。

③谈话的内容（话题的明快、推测或措辞）。

④身体的动作、举止行动是否活泼。

⑤姿势，走路的方式，整个身体给人的印象（神采奕奕或无精打采）。

我们要有经验地综合这些资料，然后去探索员工心理的状态。今后应该更有意识地研究这些资料，以便能正确掌握员工各人的特征。甚至更进一步，在看到员工的刹那，一眼就可看透对方当时身体的状况或心情如何，以及只听到电话声音，立刻就可掌握员工心理的状态。

3. 对员工体贴关怀

日本的企业家很重视企业的“家庭氛围”，在寻求和建立员工与企业之间的“情感维系的纽带”方面取得了丰富的经验。他们声称要把企业办成一个“大家庭”，因而注意为员工搞福利，为员工过生日，当员工结婚、晋升、生子、乔迁、获奖之际，都会受到企业管理人员的特别祝贺，这一套又的确使不少员工感到企业是自己的家。

员工受到体贴关怀，亲近感增强了，就会感到自己没有被冷落，而是受到了重视，因而激发起一种更加努力工作的热情。

4. 关注员工健康

有很多的班组长，除了工作以及与工作相关的事，很少关心员工的身体状况。一个健康的人，也很少会对体弱多病者产生同情心。在他们的内心，也许会有些微的怜悯之情，但却很难在行动上有所表现。

真心和诚意，是别人最容易感受到的，由于对员工的体贴和关心，你会赢得全体员工的信服与尊崇。员工在你的领导下，团结一心，干劲十足，业绩会不断提高。

5. 悉心照顾员工

有些班组长总是以自我为中心，从未想到要照顾班组员工，不但如此，甚至因求自身的利益，而不惜牺牲员工的权益。管理专家认为，现代年轻人多以自我为中心，但年轻人反过来对班组长也有微词。调查中常有人表示“班组长只会考虑本身的利益，什么时候照顾过我们！”“我们的事他从不关心”。

任何人都会怀念曾经照顾过自己的上司并会永生难忘。拥有一位深具同情心并能对员工悉心照顾的班组长，无论工作多么艰难复杂，员工们都是很有干劲的。

乐于助人的人，老天会帮助你。身为企业最基层的管理者，更应该懂得照顾员工、栽培员工，那样自会有回报的！

表 7 – 6 班组长照顾班组员工的技巧

序号	具体内容
1	能教导员工的工作。不仅教导员工如何处理事务，更能帮助员工早日完成工作
2	能告诉员工有关公司的情形。这种班组长也会教导员工如何待人处世
3	能给予员工好好工作的机会
4	能指点员工有关工作的做法与工作态度
5	能面对面地商谈，并能直接帮助员工
6	能经常招呼员工。随时注意员工的健康，能悉心关照员工
7	能注意员工进步的情况
8	在日常生活方面能适当给予意见

七、如何让员工无私奉献

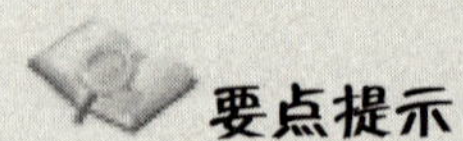

所有的员工都需要被赏识，不仅仅是因为他们的才干，而且还有他们乐意为工作献身的精神。

员工们想让班组长认识到他们是可以靠得住的，但是不想做门前的垫子，总是让干些最累最脏的活。大多数员工都知道工作当中都有些吃力不讨好的任务，但是当班组长一次又一次地让同一个人做这些工作，而没有意识到他的这种无私奉献，这个人就会愤然拒绝。

班组长可以采取很多措施来避免员工觉得他们不受重视，被任意使唤。你最好把下面这些方法尝试一下（最好综合起来试一下）。

1. 一定要表示感谢

当你的员工加班做了分外的工作或者在工作中耗费了额外的精力，班组长应该向他表示感谢。大多数人都会乐意为一个赏识他们的班组长卖力，就像前面所说的：士为知己死。

2. 关心他们的利益

当你的员工和别的管理者或其他班组在劳动任务上有分歧时，支持自己的人。

这种情况在一线经常出现，当其他班组因生产任务紧张而要求你或你的上司从你的班组抽调人员时，你不必要让你的班组去为每个任务白白奉献——尤其是别的班组并不是很忙时。要关心你自己班组成员的利益，也许你的班组成员已经为了完成任务付出了许多，再让他去付出有损公平。

3. 不要下命令，要用请求口气

如果你请求一个员工制作一个生产夹具，并且你和他有一种互相信任的关系，他如果感到不能接受就会告诉你。然后你可以和他协商怎样把任务完成好，比如说：

“让我们看看小刘能不能接受这项工作”或“我可以让你原来的工作完成的期限宽限几天，好让你腾出时间去完成这项工作”。

甚至你只需解释一下只有像他这样的能人才让你值得信任，所以除他之外，别无其他人选，这也是一个好办法。

4. 如有可能，尽量让他们主动请缨

如果你手下不是只有一个人可以干这项工作，甚至你已知道有一两个人早就想干了，那么把这项工作交给整个团队，让他们自己决定如何解决。也许他们会商量出一个好办法。

任务安排下去后，班组长也并不是撒手不管了。谁都知道你是班组负责人，有最后的决定权。

但是如果你的员工在如何分配任务上取得了一致意见，他们就不可能再抱怨你又增加他们的负担。他们将会更乐意接受最后的决定，并且能把任务分配得比你自己分配的好得多，因为他们更直接地面对这项任务。

5. 进行有效激励

对表现出众的员工进行物质奖励是很重要的。有时候，员工们希望你能给他们金钱上的奖励，有时候他们希望你想起他们以前的成就。但在大多数公司里，这种奖励机制由更高层的管理者控制，而不是由你给出。

但是，有效的激励还包括对他们工作的认同。一句感谢的话并不会花费你什么，但可以获得很大的回报。许多人都是知足常乐的，当他们知道自己满足了甚至超出了你的期望时，会获得最大的满足。当你对他们表现出很满意时请让他们知道，尽量说简单的话，不必大肆吹嘘，仅仅说“非常感谢，我很感激”就行了，但是要经常如此。

八、如何善用表扬与批评

赞扬与批评是班组长激励员工的正反两面。赞美、表扬、精神上支持、鼓舞是激发员工斗志不可缺少的催化剂。当然，班组长不能一味地赞扬，一团和气是不可能管理员工、激励员工的，有时批评也能达到同赞扬相当的激励效果。

1. 赞扬是班组长最佳的激励手法

(1) 不要吝啬你的赞扬。

当班组长希望激励手下员工提高工作效率时，你需要做的事很简单，就是：赞扬他。因为赞扬是达到这一目的最行之有效的办法。人人都有得到别人承认、信任、重视和赏识的渴望，不管他是谁，无一例外。显然，追求显贵和受人重视、被人赞扬的愿望，已成为人们内心最强有力的动力。

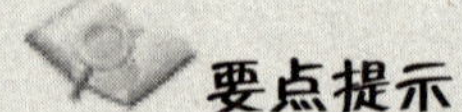

要点提示

员工不仅仅是为了获得薪水而工作，他们更希望得到企业的重视。而对他们最有价值、最有力的赞美就是告诉他们说：“我为你感到骄傲。”

任何班组长，面对班组员工特别卖力地工作时，千万不要吝啬赞扬，而且班组长似乎也难以找出合适的借口不去做这件惠而不费的事。

赞扬为何有如此奇效？因为赞扬一个人意味着尊敬。重视称赞，可最大限度地鼓舞人的士气和精神，提高他的被重视感和工作热情，释放一个人身上潜在的能量。有实验结果表明，当班组长公开赞扬班组员工时，他们的工作效率能提高90%；私下赞扬虽不及公开赞扬效果好，但工作效率仍有75%的提高。

尽管如此，现今仍有很多班组长不甚了解如此显而易见的事。他们认为使用赞扬会使人们自高自大，认为过多的称赞会使班组员工变得随便和普通，就像把宝石用作了沙子。所以，他们吝啬于他们的赞扬，宁愿使用命令和督促的口气催人办事，鞭策别人，认为这不但很有效果，且可以产生一种威严感。其实，如此可就大错特错了。任何人都不喜欢处于被动地位，更不会喜欢和欣赏那个如此下命令的人。反之，班组长若使用赞扬，特别是正面赞扬，夸他在某些方面比别人更出色或更能发挥作用时，他一定会乐不可支，充满信心，更加主动地做好事情。

（2）赞美员工的闪光点。

有些班组长深感赞扬一个人很困难，他们皆抱怨没有在班组员工身上发现值得赞扬的“闪光点”，这很难让人赞同。其实，每位员工都是一块闪亮的金子，只要班组长愿意睁大双眼，就能很容易地在每个人身上找到值得赞扬的地方，使他觉得自己更重要。

赞扬其实是很容易的事情。一切取决于你是否愿意去发现，如果你想赞扬一个人，总能观察到他（她）值得称赞的地方。

有人说，赞扬本身是一门艺术。赞扬时并非一定要给予壮志凌云般的鼓励，也可以对一些小事进行真诚的赞扬。实践证明，最有效的赞扬方式是面对面，私下进行，而且最好在受称赞者未曾预料的情况下；另一种同样有效的方式，则是在一次众人皆所关注的领奖仪式中进行。但是，赞扬有一大忌，那就是切勿掉进“奉承”这一既假又无价值的陷阱里。简言之，奉承就是撒谎。班组长为一件很小的事诚恳地赞扬一个人，比挑一件很大的事对其撒谎要有效得多。

最有效的奖励方法，有些是不需花一毛钱的。有的时候，利用适当的时机，由适当的人表达出诚挚的谢意，对员工来说，比加薪、正式奖励，或挂一墙壁的奖状、奖牌更具意义。为什么不花钱的奖励会有这样的力量呢？当员工发现，有人下了功夫去注意到一项杰出的工作成就，探究出谁是这项工作的负责人，并且及时亲自向他表示赞美，这一切综合起来，便达成了不花钱的奖励的力量。

（3）赞扬要适时。

适时赞扬有以下含义：

①不漏听、不漏看、不忘记部下取得的成果。

②要及时在众人面前表扬。

③可以借助他人来表扬。

以下场合，班组长要适时表扬：

①圆满完成业务目标时。如质量目标达成。

②推进工作 QCD 的改善，并取得成效时。

③正在向难度很高的工作挑战时。

④报告内容精彩，有翔实的 5W1H 的内容。

⑤能够发现一般人发现不了的问题，或对班组作业有新见解时。

⑥取得公认资格或通过公司内部考试合格时。

⑦5S 活动第一个执行时。

⑧热心指导晚辈掌握工作时。

⑨协助他人工作，取得成果时。

⑩在班组或公司伸张正义时。

2. 批评要讲究方法

班组长如在该批评的时候不批评，会使员工心存侥幸，误以为上司已经默认，或奈何不了自己，从而导致下回再犯。

批评教育是激发个别落后员工沉睡的尊严，要有针对性。罚对一个，就会教育一片，这才能起到激励作用。反之，选错一人，就会冷落一片；罚错一人，就会寒心一片。不仅起不到激励作用，还会起到相反的效果。所以要千万小心，切勿滥用。

能随机应变改变批评的方式，能漂漂亮亮地叱责对方，且令人心悦诚服地接受，才能算是一流的管理者。

(1) 批评的方法。

要注意，班组长在骂人时，不可任由感情的冲动而发怒，要以诚意协助并予以鼓励为本质，才是助其成长之道。此外，批评的要点应清楚地告诉下属，让他知道错误所在，这才是批评的基本态度，切不可让被批评的员工不知道挨批评的原因何在。

表 7-7 批评的方法

应批评项	批评方法	举例说明
缺勤、迟到、早退增多时	关切批评	平时很少见你迟到，是不是身体不舒服
肆无忌惮地发表对他人、公司不满、埋怨的言辞时	委婉批评	你有很多不满是吗？能不能把其中的某个原因和经过说给我听听

（续表）

应批评项	批评方法	举例说明
脸色不好，干活无精打采时	略加批评	平时的生龙活虎劲哪去了？拿出点劲来
对人粗声恶气，行为不检点时	严厉批评	这种话你都敢说？这种事你都敢做？这是你吗
有逃避工作，不负责任的言行时	严厉批评	究竟怎么回事？这不像你的所作所为
背后造谣中伤同事时	揭穿批评	你有事实根据吗，没有就不要随便给人添油加醋
诉说自己身体不适，不愿更多承担责任时	关爱批评	怎么没照顾好自己？什么时候开始的？看医生了没有
待人办事心不在焉时	提醒批评	对人这样很失礼！我只说到此为止，听漏别人说的话，办错了事，对你我都没好处
接连抱怨身心疲惫，推脱工作之时	勉励批评	再加把劲吧！如果要我一块做的话请告诉我
渐渐没了生气，缺乏干劲时	提醒批评	有什么心事把它说出来，让我也听听，看有什么能帮你的

（2）批评时应注意事项。

①就事论事，切莫言及他人他事。

如把以前的“旧账”一笔一笔搬出来，逐条清算；胡乱断言下属无可救药，将来不会有前途；一口咬定别人怎么好，下属怎么没出息；连同家人一起牵扯进来都是部分班组长在批评员工时常犯的错误。

②不给人留台阶，如：

· 当着大家的面，点名道姓地责难起来。

· 当着不相关的第三者，或者资格更低者的面批评。

· 到处发布批评的言辞。

· 实际处罚比批评更严厉。

③听都不听下属的解释，揪住就批，有理没理先骂一顿再说。

④不给挽回机会，一错就批，根本不采取补救措施。

⑤不再信任，错一回就认为无可救药，以后就不再使用该人。

⑥不采取相应的实际处罚。每次都停留在口头上，没有触及下属的任何

实际利益，听与不听都一样，不能形成震慑作用，以致一犯再犯。

3．两者的结合

事实上，正确对待员工的错误是一门艺术。对班组长来说，员工如果犯了些无碍大局的小错误，不要一味责怪，不然的话，会搞得人人自危，工作积极性下降，从根本上动摇企业的根基。的确，让员工认错当然不如被赞扬来得甜蜜。尽管如此，绝大多数时候，班组长还是要把员工的错误指正过来，这会让员工有点沮丧，在指正的一开始，要在气氛和谐时，且班组长的方式不应那么强硬而是委婉地说出来。

试想，如果班组长在为一员工指正错误时，取笑他、轻视他、奚落他或者嘲弄他——尤其是当着众人的面——班组长就为自己的余生树了一个敌人。员工是绝不会原谅他的，因为班组长在打击员工的积极性，在挫伤员工傲气的同时，还彻底地践踏了员工的尊严，除此之外，还掠夺了他满足基本需求的机会。由于奚落取代了表扬，班组长已剥夺了他因努力而得到赏识的可能性……已损害了他在同仁面前的形象，妨碍他得到集体的认可和信任，摧毁了他取得有价值成就的愿望……赶走了他精神上的安全感。看看班组长在指正错误中的奚落和取笑给了员工多少伤害。现在员工看不起班组长，班组长能怪员工吗？所以，如果班组长在指正错误时奚落或嘲弄了一个人，最好要知道：以牙还牙，报仇雪耻的愿望，来得比受重用的愿望和需求更强烈。

既加油，也泼冷水。尊重员工的自尊，从正反两方面鼓励他们，让他们觉得自己的重要性，并在他们表现良好时给予奖励，这些都是很重要的。这种表扬最好是公开的、直接的。不过你虽然不吝于夸奖下级，却绝不能让他们陶醉在荣誉里；也绝不让他们觉得只要这一次表现得很好，就可以不必在乎以后的工作成绩。有时候你可以指出下属的一些小缺点，泼点冷水，要求他们达到更高的水平，借此鼓励他们更上一层楼。

九、如何在班组导入良性竞争

1．适度竞赛

像比赛一样完成一项项原本枯燥乏味的工作，会让工作变得快乐而富有吸引力，其成效之佳不言自明。班组长可通过员工之间的彼此竞争，激发他们的好胜心理，满足他们获胜、拔尖、成为优秀者的愿望。

用竞争的方法激励员工赶快做事的效果非常之好。而员工则因这份突出成就被班组长认可，感觉非常快乐。足见，竞争是激励员工的一种最好的刺激方法。竞争越多，赋予员工的机会也越多，虽负担相应加重，困难、压力接踵而至，但这也是员工展示自我的机会，让自己的才华得到班组长的肯定，满足之余，工作的乐趣无疑也越来越浓。

当然，这里的竞争，并非单纯意义上的为竞争而竞争，而是为了发展的和平竞争，否则，竞争的最终结果将违背班组长注入“竞争”的良好初衷，而变成激励少数人，打击大多数人。

2. 竞赛激励员工的工作重点

①宣扬这个奖励计划和它的目的。

②设立实际的、可行的、可计量的预定目标。

③竞赛要有一定的期限，期限不能设得太长。

④竞赛的规则不能订得太复杂。

⑤奖励品要有诱惑性。

⑥奖励品的价值和员工的表现要有直接的关联性。

⑦竞赛结束，要尽快表扬和给予奖励。

3. 竞赛激励的注意事项

①竞争必须建立在公平之上。

班组长如果想以竞争有效地推进全体发展的脚步，绝不能让带有偏激情绪的竞争代替真正的竞争，而应摆正角度，凭着公平的竞争，有效激励员工个人以及群体的工作情绪。所以，进行竞争时，竞争必须建立在公平之上。

②“公平”不是绝对的。

例如，任何一个班组的员工其能力都会良莠不齐，这是不争的事实。然而仍有许多班组在制定竞争目标时遗漏这重要的一点，将目标一条线划清。殊不知，这一不分新员工、旧员工，优者、劣者的“绝对目标”，根本无法起到激励人们积极性的作用，反而只能降低人们的动力。因为，与“绝对目标”的获胜者相比，新员工会认为大家起点不同，故获胜者胜得理所当然，与他们竞争毫无意义。反之，若优者有优者的目标，劣者有劣者的目标，人人都有获胜的可能，这样的竞争才真正有意义，才能真正发挥其应有的激励作用，产生动力，超越目标，获得胜利。

③事先把相关事项说明清楚。

用竞赛方式来奖励员工，应该要把竞赛规则写清楚，把奖金或奖品的细节也交代明白。

④防止恶意竞争。

无论在什么样的条件下，班组员工之间是一定会存在竞争的，但竞争分为良性竞争和恶性竞争，班组长的职责就是要遏制员工之间的恶性竞争，并在遇到员工之间进行恶性竞争时，积极引导他们参与到有益的良性竞争中。

良性竞争对于组织是有益处的，它能促进员工之间形成你追我赶的学习、工作气氛，大家都在积极思考如何提高自己的能力；如何掌握新技能；如何取得更大的成绩……这样一来，班组的整体工作能力就会大大提高，大家的人际关系也会更好。

但也有些人把羡慕别人的心情转化成了阴暗的嫉妒心理，他们想着的是如何给别人脚下使绊，如何诬蔑能人，搞臭他们的名声，如何让同事完不成更多的任务……他们的办法，就是通过拖先进者的后腿，来让大家都扯平，以掩饰自己的无能。

这种行为会导致班组内部的恶性竞争。它会使班组内人心惶惶，员工相互之间戒心强烈，大家都提高警惕防止被别人算计。

你是一名管理者，平日一定要关心员工的心理变化，在班组内部采取措施，防止恶性竞争，积极引导手下的员工参与到有益的良性竞争中。

4. 引导员工进行良性竞争的技巧

一般来说，引导员工进行良性竞争有以下几种技巧：

①要有一套正确的业绩评估机制。要多从实际业绩着眼评价员工的能力，不能根据其他员工的意见或者是班组长自己的好恶来评价员工的业绩。总之，评判的标准要尽量客观，少用主观标准。

②要在部门内部创造出一套公开的沟通体系。要让大家多接触，多交流，有话摆在明处讲，有意见当面提。

③不能鼓励员工搞告密、揭发等小动作，不能让员工相互之间进行监督，不能听信个别人的一面之词。

④要坚决惩罚那些为谋私利而不惜攻击同事、破坏部门正常工作的员工。

第四节　如何进行员工压力管理

富士康之所以出现“十三跳”，我认为主要还是压力管理不到位。

压力是指员工个体在环境中受到种种刺激因素的影响而产生的一种紧张情绪。适度的压力对员工产生的刺激，可以使员工处于兴奋状态，增强进行某种活动的动机。如果压力过大，员工经常无法完成自己的工作，员工的兴奋感就会逐渐消失，随之而来的是挫折感和失败感，从而使工作效率低下，并对员工个人的心理产生消极的影响。

一、员工压力的起因

员工压力的起因也叫压力源。压力源从内容上可分为生理压力源和心理压力源，从形式上可分为工作压力源和生活压力源。

1. 生理压力源

生理压力源是指由于身体状态的变化，对员工个体引起的压力。生理压力源包括疾病、疲倦、营养等。

员工压力的来源

从本质上讲，员工压力来自于员工的需求，而需求是由环境所引起的。

2. 心理压力源

许多事物由于不同的个体产生不同的心理活动，因而产生的压力也会程度不一。几乎每种事物都可能称为心理压力源。从大的方面讲，生气、后悔、自卑感、不胜任感及挫折感都是心理压力源。

生气是指人对客观事物不满而产生的一种情绪活动；后悔是指个体未经深思熟虑，轻率地做错了事，事后醒悟过来而产生的自我埋怨，自我谴责以及自我惩罚；自卑感是指个体由于在人生道路上遇到挫折而把自己看得很低，从而产生一种轻视自己的情绪活动；不胜任感是指个体自己感到不能完成任务所产生的一种情绪状态；挫折感是指个体在遇到挫折时产生的一种消极的心理状态。

3. 工作压力源

工作压力源的表现形式很多，因为工作中的每一件事都有可能成为压力源。从总体上讲，工作压力源可以分为六种。

表7-8 工作压力源

工作特性	工作过多或过少 工作条件恶劣 时间压力 其他	
在组织中的角色	角色冲突与角色模糊 个人职责 无法参与决策 其他	
事业生涯开发	越级晋升 晋升迟缓 缺乏工作安全感 抱负受挫 其他	
组织内部关系	与老板关系紧张 与同事关系紧张 与下属关系紧张 不善于授权 其他	
组织内部	缺乏有效协商 行动的约束 官方政策 其他	
组织与外界界限	企业与家庭要求冲突 企业与个人兴趣冲突 其他	

4. 生活压力源

生活中的每一件事情都可能会成为生活压力源。根据一项研究表明，丧偶、离婚、分居、亲友去世等都是一些重大的生活压力源。下表中列出了常见压力源的影响程度的顺序。

表 7-9　生活压力源

事　件	分　值	事　件	分　值
1. 丧偶	100	20. 被取消抵押赎取权	30
2. 离婚	73	21. 工作变化	29
3. 分居	65	22. 子女离开家庭	29
4. 判刑	63	23. 与亲家产生矛盾	29
5. 亲属死亡	63	24. 突出的个人成就	28
6. 受伤或生病	53	25. 配偶开始或停止工作	26
7. 结婚	50	26. 学业开始或结束	26
8. 被解雇	47	27. 生活条件改变	25
9. 复婚	45	28. 恢复个人习惯	24
10. 退休	45	29. 与老板有冲突	23
11. 家庭成员健康发生问题	44	30. 工作条件或时间变化	20
12. 怀孕	40	31. 住址变动	20
13. 性别差异	39	32. 转学	20
14. 新添家庭成员	39	33. 消遣变化	19
15. 业务调整	39	34. 社交活动变化	19
16. 经济条件变化	38	35. 睡眠习惯改变	16
17. 密友死亡	37	36. 家庭成员人数变化	15
18. 改换工作	36	37. 饮食习惯发生变化	15
19. 和配偶争执	35	38. 轻微违法	11

二、员工压力诊断

1. 工作压力源诊断

下页调查表是对员工的工作压力源进行的一系列测试项目。测试项目包括五个工作压力源：角色模糊、角色冲突、角色负荷超载、事业生涯开发及个人职责。

下面问题的目的在于指出各种个体压力源对你的压力程度。每一个项目，你都应该指出它作为压力来源的频率。然后在每个项目后面写下 1 ~7 分中的一个数字，这个数字必须能够最准确地描述这个条件作为压力来源的频率。

表 7 – 10　工作压力源诊断

评分值	压力程度具体描述
1 分	表示给出的条件从来未成为压力来源
2 分	表示给出的条件很少是压力来源
3 分	表示给出的条件偶尔是压力来源
4 分	表示给出的条件有时是压力来源
5 分	表示给出的条件经常是压力来源
6 分	表示给出的条件一般是压力来源
7 分	表示给出的条件总是压力来源

表 7 – 11　压力源调查表

问　题	分　值	备　注
1. 我不清楚我的工作任务和工作目标		
2. 我为一些没有必要的任务或目标工作		
3. 为了赶上进度，我不得不在晚上或周末加班		
4. 对我而言，对工作质量的要求毫无道理		
5. 我在组织中缺乏正常发展的机会		
6. 我对其他员工的发展负责		
7. 我不清楚该向谁汇报工作，也不清楚谁该向我汇报工作		
8. 我被夹在上司与下属之间		

（续表）

问 题	分 值	备 注
9. 我在一些无关紧要的会议上耗时太多，影响了正常工作		
10. 我接受的任务有时太困难或太复杂		
11. 要得到提升，我得另找一个企业		
12. 我有责任听取下属的意见，并帮助下属解决问题		
13. 我缺乏行使职责的权威		
14. 正式指令渠道并未形成有机的整体		
15. 我同时负责数目多得几乎无法管理的项目或任务		
16. 任务似乎越来越复杂		
17. 继续留在这个公司中会损害我的职业生涯		
18. 我的行动或决策会影响其他人的安全和良好的工作		
19. 我不能完全理解对我的期望		
20. 我的工作只由一个人负责，与他人无关		
21. 我常超额完成工作量		
22. 公司对我的期望超过我的能力与技能的范围		
23. 我缺乏足够的训练和经验去正确授权		
24. 我感到我的事业生涯处于停顿状态		
25. 我在公司中的职责更多地与人有关而不是与事有关		
26. 在工作中我几乎没有成长的机会，也学不到什么新知识或技能		
27. 我无法理解在我工作中包含全部公司目标		
28. 我从两个或两个以上的人那儿接到相互冲突的要求		
29. 我必须对他人的未来（职业生涯）负责		
30. 我感到我甚至没有时间偶尔休息一下		

得分：

每个项目都与特定的压力有关，这些项目和有关内容的种类列在下面。将每种内各项目的得分相加，得到你在该种情况的总分。

你的得分：

角色模糊题号：1，7，13，19，25

合计：

角色冲突题号：2，8，14，20，26

合计：

角色负荷超载题号：3，9，15，21，27

合计：

职业生涯开发题号：5，11，17，23，29

合计：

职工职责题号：6，12，18，24，30

合计：

结论：

总分低于10分表示压力水平低；

总分在20～24表示中等程度的压力；

总分在25分及25分以上表明压力水平高。

2．压力承受能力诊断

对于下列18种情况，你会有什么样的反应？假如提示的答案与你的反应类似，请选“会”，否则选“不会”。

表7－12 压力测验表

测试内容	你的反应	会	不会
1．突然有人请你在宴会中上台演讲	心扑通扑通地跳	b	a
	焦躁不安	b	a
	很高兴	b	a
	很沉着	b	a
	不知所措	b	a
	脸红不好意思	b	a
2．警车半路把你拦下来，请你出示驾照。警官发现你有点着急，反而开始问话	友善回答	a	b
	处于备战状态	b	a
	手发抖	b	a
	很镇定	a	b
	感到不安	b	a
	冒冷汗	b	a
3．接到公司报到的通知，按照指定时间前往，已经等了一个多小时，仍无动静	产生敌意	b	a
	生气	b	a
	很镇定	a	b
	心扑通扑通地跳	b	a
	很愉快	a	b
	手心冒汗	b	a

（续表）

测试内容	你的反应	会	不会
4. 在餐厅你把还没喝完的酒瓶打翻了	很愉快	a	b
	不知所措	b	a
	不在乎	a	b
	说不出话来	b	a
	自然地笑	a	b
	脸红不好意思	b	a
5. 在餐厅吃完午餐准备付钱时，发现忘了带钱包	脸红不好意思	b	a
	很镇定	a	b
	心扑通扑通地跳	b	a
	很高兴	a	b
	不知所措	b	a
	冒冷汗	b	a
6. 不幸被抓到没买票而坐霸王车	脸红不好意思	b	a
	很镇定	a	b
	手发抖	b	a
	无所谓	a	b
	很丢脸	b	a
	自然地笑	a	b
7. 车子半路爆胎，只好开到路旁	镇定	a	b
	生气	b	a
	冒冷汗	b	a
	保持平静	a	b
	感到不安	b	a
	很紧张	b	a
8. 采购完回家，一打开门发现洗衣机里的水溢出来，家中汪洋一片	很镇定	a	b
	万念俱灰	b	a
	手发抖	b	a
	保持平静	a	b
	生气	b	a
	很轻松	a	b
9. 等待中轮到自己口试时，听到主考官用生硬、不和善的声音叫你的名字	有一股冲动	b	a
	手脚颤抖	b	a
	很镇定	a	b
	冷静	a	b
	冒冷汗	b	a
	感到不安	b	a

（续表）

测试内容	你的反应	会	不会
10. 搭乘电梯时，电梯突然停在两层楼之间	很轻松	a	b
	很镇定	a	b
	生气	b	a
	心扑通扑通地跳	b	a
	不高兴	b	a
	冷静思考	a	b
11. 从国外旅行回来，海关要你打开装有超重烟酒的皮箱	很镇定	a	b
	很兴奋	b	a
	冷静	a	b
	感到不安	b	a
	冒冷汗	b	a
	手脚发抖	b	a
12. 讨论会上，大家认为你的论点错误，并嘲笑你	脸红不好意思	b	a
	无所谓	a	b
	生气	a	b
	保持平静	b	a
	不知所措	a	b
	很镇定	b	a
13. 和亲友激烈争论一件事，亲友以“再也不想和你谈了”一句话终止争论	充满敌意	b	a
	感到不安	b	a
	无所谓	a	b
	忐忑不安	b	a
	保持平静	a	b
	很镇定	a	b
14. 准备一些有关的资料，以便和公司的人事科长面谈时用。面试时，人事科长却说：“你提出的资料不足以当推荐函。”	感到不安	b	a
	很镇定	a	b
	说不出话来	b	a
	脸红不好意思	b	a
	保持平静	a	b
	不知所措	b	a
15. 舞会中跳舞跳得正高兴，对方却说：“你好像不太会跳。”	不在乎	a	b
	不知所措	b	a
	生气	b	a
	脸红	b	a
	自然地笑	a	b
	很镇定	a	b

（续表）

测试内容	你的反应	会	不会
16. 在讨论会上，别人批评“你难道没有自己的意见吗?”	充满敌意	b	a
	脸红不好意思	b	a
	保持平静	a	b
	不知所措	b	a
	汗流浃背	a	b
	说不出话来	b	a
17. 和人聊天时，把对方不想让人知道的秘密不小心说漏嘴，虽然极力找话搪塞、掩饰，对方还是察觉到了	不知所措	b	a
	脸红不好意思	b	a
	结巴	b	a
	很镇定	a	b
	无所谓	a	b
	手发抖	b	a
18. 上司对你的工作不满，抱怨了几句	很镇定	a	b
	脸红不好意思	b	a
	保持平静	a	b
	感到不安	b	a
	说不出话来	b	a
	无可奈何地笑	b	a

计分方法：

把选 a 的总数加起来，就是测验的得分。对照下表看看你的压力抵抗力如何（先找出属于你的年龄栏）。

14～16 岁	17～21 岁	22～30 岁	31 岁以上	对压力的抵抗力
96～100 分	98～108 分	100～108 分	104～108 分	非常强
88～95 分	90～97 分	88～99 分	92～103 分	强
73～87 分	70～89 分	66～87 分	70～91 分	尚可
47～72 分	50～69 分	50～65 分	50～69 分	稍低
0～46 分	0～49 分	0～49 分	0～49 分	很弱

说明：

非常强是说对精神上的压力抵抗力非常强，只有在事态严重的时候无法保持平静。一般来说，不知所措的时候不多。

强是说在同年龄层中，精神上的压力抵抗力算强。不轻易动摇，即使因手脚不利落而受嘲笑时，也不会失控而发脾气。

普通（尚可）是说精神上的压力抵抗力在平均水准中算好。

普通（稍低）是说精神上的压力抵抗力在平均水准中稍低。精神一有负担，往往无法保持镇定。遭遇失败时，会出现精神失常、严重焦虑不安的情形。

很弱是说精神上的压力抵抗力在平均水准中很差，一有不快即感到不安，容易手忙脚乱。希望对一些轻微状况能幽默地面对，并努力保持镇静。

三、员工压力管理的原则

压力产生的原因是多方面的，同时它又具有主观性、评价性和活动性，结合我国企业员工工作压力的特点，企业在进行压力管理时应注意以下原则：

1. 适度原则

就是说不能不顾企业的经济效益而一味地减轻员工压力。企业要在激烈的市场竞争中立稳脚跟，并图谋发展，就不能不要求员工努力工作，不断创新，不断向自己的极限挑战。

2. 具体原则

由于压力在很大程度上是一个主观感觉，因此在进行压力管理时要区别不同的对象采取不同的策略。比如员工在学历、年龄、性别、性格等方面的区别。

3. 岗位原则

企业中不同部门、不同岗位的员工面临的工作压力影响程度不同。一般来讲，岗位级别越高，岗位责任越大，所造成的压力就越大；岗位的创新性越强，独立性越高，变数越多，所造成的压力就越大；员工履行岗位职责失败后造成的后果越严重，造成后果的责任越明确，所造成的压力就越大。比如销售人员的压力一般比生产人员要大，因为生产人员面对更多的是自己可控的因素，而销售人员就不一样，销售业绩的好坏不仅取决于自己努力的程度，还与客户、市场大环境、竞争对手有关。

4. 引导原则

由于压力的产生是必要的和不可避免的，对于员工来讲有些外部因素是不可控的，比如面对强大的竞争对手，为了企业的利益和生存，必须战胜对手，这时变压力为动力，引导压力向积极的一方面发展就显得很重要。

5. 区别原则

在消除压力的来源时，应区别对待。有些压力的来源是完全可以避免的，比如由于员工之间不团结，人际关系复杂造成的工作压力；或者岗位职责不清，分工不合理所造成的压力。而有些压力，比如来自工作本身的压力，只有通过提高员工自身的工作能力和心理承受能力来解决。

四、员工压力管理的策略

依据压力产生的原因和以上原则，管理者可从以下方面入手进行压力管理。

1. 改善工作环境

管理者应致力于创造宜人宽松的工作环境，比如适宜的温度、适当的照明及合理的生产办公布局等，有利于员工减轻疲劳，更加舒心、高效地工作。

2. 注意员工的工作量和设置合理的时间安排

企业应保证员工有足够的时间用于在外娱乐，假日安排不会被打断。如果工作占去员工合理的个人时间超过一定的比例，是不利于工作的。

3. 采取灵活的管理模式

管理者应根据员工的不同情况，比如员工的能力、对工作的熟知程度、个性等进行不同模式的管理。

4. 创造合作上进的公司文化

首先，要增强员工间相互合作和支持的意识。当面临严酷激烈的市场竞争或者一项艰巨的任务时，因为人们作为一个团体彼此支持，共渡难关，士气就会比预期的要高涨。其次，要增强上下级间的沟通。因为不适当的压力总会产生，关键是及时地发现并消除。可以采取面谈、讨论会或者设立建议箱等形式。国外企业常采用一种叫做“部落会议”的形式，每个人都有平等的发言权和平等的地位，会上鼓励每个人发言，轮到谁发言时，其他人必须坐下来听，从而使员工有更多的主人感和责任感，减少了交流的障碍，大家更愿意提出问题，说出他们的想法和所关心的事情。

5. 进行工作再设计

工作再设计是指为了有效地达到公司的目标，合理有效地处理人与岗位的关系，采取与满足工作者个人需要有关的工作内容、工作职能和人与人工作关系的设计。好的工作设计能够减少工作的单调重复性、职责模糊所造成的不良效应。好的工作设计还使得工作具有一定的挑战性和刺激性，同时还调整了工作中的人事关系，最终提高了员工的工作兴趣和满意度，减少了其退缩行为。

经过重新设计的工作会使员工感到身心愉快，有助于消除他们的工作疲劳感，提高其对环境的良性适应。因此，许多工作在设计时就应充分考虑产生不当压力的可能性。需要指出的是，工作再设计时还要考虑到个体的差异性，只有在人和工作匹配时，工作压力才能得到真正的调节。

6. 努力创造条件帮助员工完成工作

企业应对员工进行提高工作能力的培训，比如在引进新技术和新的管理模式之前对员工进行相关培训。对员工提供工作技巧的培训，比如提供谈判和交流技巧的训练，包括两性间的交流及如何克服感情冲动，学习实践并注重解决实际问题的原则等等，这些都有利于员工克服工作中的困难。另外，从硬件和软件上比如所需设备、资料、相关制度上要对员工的工作进行支持，而不能不顾实际情况做出不合理的要求。

7. 有效疏导压力

组织应充分认识到员工有压力、有不满是十分正常的现象，因此，组织有责任帮助他们调节情绪。员工只有将不满的情绪发泄出来，心理才能得以平衡，情绪才能达到平稳。因此，组织管理者应该开发多种发泄渠道。比如在日本，一些公司就设置了“情绪发泄室”以帮助员工改善和培养积极的情绪，从而有效地改善了员工不当的压力症状。也可以开展心理咨询活动，帮助员工更好地适应环境，保持身心健康，提高工作业绩和生活质量。

8. 针对特殊员工采取特殊措施

比如，可以为双职工提供帮助，使夫妻成为处理工作和家务的有效合作者。因为夫妻间的交流有助于增强满足感，明确长期的事业目标，使他们为达到共同的目标而一起制订行动计划，让工作得到家庭的支持。又比如企业应对常出差的员工给予更多的关注，因为他们与家庭可能有更多的冲突，面临着更加复杂多变的工作环境，因此承担着更大压力。

五、员工压力的管控技巧

员工压力的控制是员工压力管理的核心内容。员工的压力可能来自于工作，也可能来自于生活，但它们都会影响到员工的工作。人力资源部门或公司管理者有责任帮助员工去控制自己的压力，从而使员工能够更好地工作和生活。压力的控制大体上可以分为宣泄、咨询及引导三种方式。

要点提示

如果一位员工的压力大于他的心理承受能力，则会对工作带来负面的影响。

1. 宣泄

宣泄是一种发泄，即通过某种途径把自己的压力排挤出去。宣泄的途径很多，性格外向的员工可能会找个地方高声大叫，或借助某个机会与他人产生冲突等；性格内向的员工可能会把心中的不快写在纸上，寄给远方的朋友。

宣泄是一件私人的事情，企业的管理者往往感觉爱莫能助。其实，有些管理优秀的企业在这方面做得还是很好的。比如，日本一家企业专门设置了一间宣泄室，在宣泄室中放着一些玻璃器皿和木偶。玻璃器皿都是易于摔打的，专供员工发泄使用；木偶的外形甚至是企业管理者的样子，供员工选择发泄；更妙的是，在宣泄室的出口有一个记录本，宣泄后的员工可以把自己对企业的意见写到记录本上，供该企业管理者参考。

2. 咨询

咨询是最常见的一种压力控制方式。每个人几乎都有咨询或被咨询的经历。当人们由于压力闷闷不乐时，一般都会主动找自己的好友或父母进行倾诉，并且征求对方的意见。有时，倾诉本身就可以达到控制压力的目的。

比较专业的咨询方式是心理咨询。心理咨询就是指专业心理咨询人员通过语言、文字等媒介与咨询对象进行信息沟通，以矫正咨询对象心理偏差的一个过程。

作为企业的员工管理人员，应该学习一些咨询的专业知识，能够为员工提供简单的咨询服务。在咨询过程中，应该注意以下几个原则：

（1）尊重。

在咨询过程中应该尊重员工，并且给予员工充分的信任，让员工能够畅所欲言。

（2）保密。

要对员工所讲述的内容进行保密，如果认为某些事情应该向上级反映，必须征求员工的意见。

（3）和谐。

被咨询者和员工应始终保持和谐的关系，这种关系有时需要很长时间才能建立。

（4）疏导。

整个咨询的过程就是一个疏导的过程，咨询的目的就是帮助员工减轻压力，如果通过咨询使员工变得更加抑郁，则无论如何咨询都是失败的。

（5）自愿。

员工是否愿意接受咨询，是否愿意讲出实情，完全取决于员工的自愿。如果强迫员工去做一些事情，那么咨询会变得毫无意义。

（6）预防。

在很多时候，并非一次咨询就能解决问题。它是一个长期而缓慢的过程。所以，当事态还没有发展到非常严重的时候，就要及时地进行咨询。

3. 引导

通过引导也可以达到减轻压力的目的。比如纠正员工的发展目标、培养员工的兴趣爱好等都属于引导的内容。

有些员工年轻气盛、好高骛远，给自己制定了非常远大和宏伟的发展目标。但现实毕竟是现实，目标越高挫折可能越大。所以帮助员工根据自己的自身条件，树立适当的目标是非常重要的。比如公司可以举办一些职业发展指导活动，大家共同来讨论如何提高和发展。

性格内向的员工，有时会孤注一掷，陷入郁闷的泥潭不能自拔，这时公司管理人员就应通过举办一些娱乐活动来转移注意力，并且培养员工的兴趣爱好，从而缓解压力。

第八章　客观公正考评，强化科学奖惩

第一节　班组员工评价主体

所谓绩效管理，是指各级管理者为了达到组织目标对各级部门和员工进行绩效计划制订、绩效辅导实施、绩效考核评价、绩效反馈面谈、绩效目标提升的持续循环过程，绩效管理的目的是持续提升组织和个人的绩效。

一个好的评价应当具备高效度、高信度、没有偏见。所谓效度，是指绩效评价的准确程度，绩效评价的效度越高，表示它所评价的结果能正确反映工作绩效的程度就越高。信度是指所得分数的稳定性或可靠性。主要表现为一个绩效评价过程中各项目的得分是否基本相符和两次绩效评价的分数是否前后基本一致。也就是说，信度实际上是与绩效的资料收集方法的两个特点有关，即一致性、稳定性。

要达到这一目的，班组长必须用公平、有效的绩效评价来实现，以提高员工的满意度和进取心，提高工作绩效。

一、什么是员工评价

1. 什么是员工评价

员工评价是一项连续性活动。评价是一种监督手段，也是一种激励手段。它本身是对计划、任务执行情况的检查监督，同时一般也会与各种利益挂钩，因此具有激励作用。

必须注意的是：绩效评价的主要目的是改进表现，而不能用来规范员工的行为。培训员工需要时间和地方，表现评价则不需要。

具有讽刺意味的是，尽管大多数人拒绝评价，躲避它，但为了搞清楚他们自己表现所处的名次，人们会以不同的方式寻求评价。

还有，并不是所有的班组长都认认真真地进行表现评价。不管怎样，这里所阐述的基本思想仍然有用。

2. 员工评价的目的

评价表现的主要目标是改进它。除此之外，评价还有下面这些目的：

①对本期工作进行总结。它可提供本期已完成任务的有关信息。

②展望未来。作出预期，以应对未来的需要。

③提供正式文件。评价提供了一个有关表现的记录，这种记录对员工和公司都很重要。

④决定奖惩。适当时候，宣布奖励和惩罚人名单。尽管工资评定同表现评价分开进行，但两者总是相互关联的。检查为最佳决策提供信息。

⑤作最终决策。由于无能或固执，改进并不总是可以顺利进行的。

员工评价中经常遇到的问题

(1) 缺乏标准。

(2) 不恰当的或主观的标准。

(3) 不现实的标准。

(4) 对工作行为的检测不当。

(5) 评估者的错误。

(6) 对员工的反馈不够。

(7) 否定的沟通。

(8) 运用评估资料的失败。

二、班组员工评价的主体

1．班组长

班组员工的直接上级——班组长在绩效评价中具有特别重要的位置，班组长是班组员工评价最常用的评价主体。

组织中对中低层员工的绩效评价，95%是由他们的直接上司完成的。员工的直接上司由于所处的位置关系，对员工的了解最多，而同时他对组织对员工的期望和评价标准最为了解。但是，单独采用这种方式，会导致班组员工的不公平感并增加敌对情绪。具体的班组长员工评价优点、缺点及其应用环境如下：

①优点。

·班组长比较清楚员工在各种场合之下的行为模式和表现。

·班组长比较清楚员工对工作所付出的努力和勤奋程度。

·班组长因为负有责任所以比较认真。

②缺点。

·班组长有绝对的权力容易造成专断并产生个人偏见。

·班组长不能清楚了解员工工作之外的品行。

·班组长需要花费很多的时间和精力记录员工表现。

③应用环境。

·有清楚的量化评价标准。

·员工工作比较简单，工作场地大多在上司的监控之下。

·上司有很多时间与员工接触。

2．员工

员工自我评价是由员工自己来评价自己的工作绩效，与自我管理和授权观念是一致的。

①优点。

·能够调动员工的积极性，促使员工反省自己的行为。

·有利于消除员工对评价过程的抵触，能有效地刺激员工和他们的上司就工作绩效展开讨论，能够给员工一个发表个人意见的机会。

· 有利于员工优点和特长的发挥和自我发展。

②缺点。

无责任，易出现虚假结论，存在高估倾向。

③应用环境。

适用于一定阶段的总结性评价。

第二节　班组员工评价方法

对于生产现场班组长而言，进行生产人员绩效评估最重要的一环就是选择合适的绩效评估方法。

为了评价表现，必须对之作出度量。班组长通常是拿结果同标准或目标比较来进行。常常也可以得到一些具体的统计数据，比如有形产出的工作。即使这样，那还有个解释问题。在一些情况中，工作成绩只能从数量上间接地度量（比如维护和服务工作）。以下将提供一些有助于班组长有效衡量和评价表现的方法。

一、书面报告法

最简单的绩效评价方法就是写一篇短文来描述员工的工作情况、优点、缺点、整体绩效状况、潜能和改善建议。这种书面报告可以以评语的形式由评价者来书写，也可以由被评价者自己撰写，作为自己的述职报告。书面报告不需要复杂的形式，不需要多少训练就可以做。

二、量表法

量表法是最古老、最简单和应用最普遍的绩效评价技术之一。量表法要求评价者对被评价者的工作绩效作出主观的评价，并将他们在不同的绩效指标下的绩效水平放入适合的等级中去。不同的绩效水平被赋予不同的平均得分。通过被评价者的各种绩效指标得分的总和得出其综合的绩效水平。通常这种评价使用绩效量表来完成，而评价者往往是被评价者的直接主管。

量表法通常要做维度分解，并沿各维度划分等级，设置量表（尺度）。该方法可实现量化评估，而且操作也很简捷。

（1）量表的形式。

量表的形式可有多种，以下列出几种以考评班组生产人员工作质量为例的典型的形式。

①工作质量。

②工作质量。

1 = 最差；　5 = 最好

1　2　3　4　5

③工作质量。

1	3	5	7	9	11	13	15
工作可合格但需经常监控			常出错、废品，工作态度很不认真			多次返工，效率一贯低	

④工作质量。

参照质检记录，结合考虑其认真程度及产品精度，按废品率的高低来评判。1～6 差；7～18 中；19～25 好。

⑤工作质量。

60 分以下	61～70 分	71～80 分	81～90 分	91～100 分
不令人满意	需要改进	一般	良好	优秀

⑥绩效等级。

工作绩效维度	绩效等级			
	一贯优良	有时优良	总体属中等	从来不好
工作质量 成品率 精度外观				

(2) 量表实例。

仿照工作质量的量表制定形式，可以确立生产率、工作知识、可信度、勤勉性、独立性等维度的量表。

下表描述的是以质量、生产率、工作知识、可信度、勤勉性与独立性为维度的量表法实例。各维度采用以上所列第⑤种量表形式。

表8-1 量表法

工作绩效评价要素	评价尺度	评价事实依据或评语
1. 质量：所完成工作的精确度、彻底性和可接受性	A□91~100分 B□81~90分 C□71~80分 D□61~70分 E□60分以下	分数：
2. 生产率：在某一特定的时间段中所生产的产品数量和效率	A□91~100分 B□81~90分 C□71~80分 D□61~70分 E□60分以下	分数：
3. 工作知识：实践经验和技术能力以及在工作中所运用的信息	A□91~100分 B□81~90分 C□71~80分 D□61~70分 E□60分以下	分数：
4. 可信度：某一员工在完成任务和听从指挥方面的可信任程度	A□91~100分 B□81~90分 C□71~80分 D□61~70分 E□60分以下	分数：
5. 勤勉性：员工上下班的准时程度、遵守规定的工间休息/用餐时间的情况以及总体的出勤率	A□91~100分 B□81~90分 C□71~80分 D□61~70分 E□60分以下	分数：

（续表）

工作绩效评价要素	评价尺度	评价事实依据或评语
6. 独立性：完成工作时需要监督的程度	A□91～100分 B□81～90分 C□71～80分 D□61～70分 E□60分以下	分数：

评价等级说明：

A. 在所有方面的绩效都十分突出，并且明显地比其他人的绩效优异得多。

B. 工作绩效的大多数方面明显超出职位的要求。工作绩效是高质量的并且在考核期间一贯如此。

C. 是一种称职的可信赖的工作绩效水平，达到了工作绩效标准的要求。

D. 需要改进。在绩效的某一方面存在缺陷，需要进行改进。

E. 不令人满意。工作绩效水平总的来说无法让人接受，必须立即加以改进。绩效评价等级在这一水平上的员工不能增加工资。

三、关键事件法

关键事件法所描述的是对员工工作很关键的情况，是就生产管理过程中一些关键事件进行评估，以确保绩效的方法。例如，当原料进入工作区，员工精确地检查货单，检验原料，小心地按先后顺序把它们放到传送带上，然后，让班组长描述一下员工干这种工作的经常性。

关键事件法评价较为客观，有利于消除近期效应，有利于员工不良行为的迅速改善。但评价者长期保持关键事件有效记录会使其产生厌倦感，且其评价结果无可比性。

在运用关键事件法评估时，将每一位生产人员在工作活动中所表现出来的非同寻常的好行为或非同寻常的不良行为（或事故）记录下来；然后在每6个月左右的时间里，与生产人员见一次面，根据所记录的特殊事件来讨论后者的工作绩效。

运用关键事件法来进行工作绩效评价时，可以将其与每年年初摆在生产人员面前的本年度工作期望结合起来使用。

四、加权调查表

加权调查表同关键事件法类似，只是在重要性描述上有差别。班组长考察用于描述受评估员工的各方面。比如对比较优秀的员工作典型调查得出他们的特征如下：

①工作到很晚。

②超额工作。

③提出不少建议。

④不无谓地批评公司。

⑤同其他人合作。

⑥严格按要求办。

⑦及时完成工作。

⑧具有活泼个性。

五、行为锚定等级评价法

行为锚定指依靠实际工作行为作评价，班组长的任务是选择得体的描述。

一旦工作行为得到描述，班组长就可以决定每项描述的绩点，非常像加权调查表，同时这里不存在任何“成功者”，所有的权数都列在表上。下表是仓储员填单效率的行为锚定等级评价法。

表8-2　仓储员填单效率的行为锚定等级评价法

评　价	分　数	工作描述	检　查
最优秀	10	知道商品位置、存货量并能迅速取出	
优秀	8	清楚商品位置、存货量并在合理时间内取出	
良	6	查出物品所在位置，无延误地取出	
中	5	非标准物品，顾客一般要等15~20分钟	
中下	4	有时找不到，要其他职员帮助	
差	3	通常在岗，但只有在其他职员帮助下才能找到物品	
不能接受	1	常不在岗，需要时还碍手碍脚	

六、业绩评定表法

这是一种被生产管理人员广泛采用的考评方法，它是根据所限定的因素来对员工进行绩效评估，这种方法通常可以使用多种绩效评估标准。

下表既选用了工作量、工作质量、可靠性等绩效标准，又包含了与一个员工未来成长和发展潜力有关的四个指标。

表 8－3 业绩评定表法

员工姓名： 评价人员：

工作岗位： 评价期间：

部门：

评估结果	较差、不符合要求	低于一般有时不符合要求	一般、一直符合要求	良好、经常超出要求	优秀、不断地超出要求
①工作量：完成的工作量、生产率达到可接受的水平					
②工作质量：在进行任务指派时是否准确、精密、整洁，完成情况是否良好					
③可靠性：员工实现工作承诺的信任程度					
④积极性：是否自信、机智并愿意承担责任					
⑤适应能力：是否具备对需求变化和条件变化的反应能力					
⑥合作精神：与他人合作的能力					

（续表）

评估结果	较差、不符合要求	低于一般有时不符合要求	一般、一直符合要求	良好、经常超出要求	优秀、不断地超出要求
⑦未来成长和发展的潜力					
⑧员工声明	□同意		□不同意		
⑨评估					
员工签名			日期		
评价人员签名			日期		
审查经理签名			日期		

评估说明：

①每次仅考虑一个因素，不允许因某个因素所给出的评价而影响对其他因素的决策。

②考虑整个评价时期的绩效，避免集中在近期的事件或孤立事件中。

③以满意的态度记住一般员工应履行的职责。高于一般水平或优秀的评价表明该员工与一般的员工有明显的区别。

第三节　如何实施公正的绩效评价

一、正确实施评价的原则

要实施正确的评价时，必须遵循以下原则：

（1）对被评价的班组员工仔细加以观察。

（2）理解评价表，并收集班组员工行为（事实）资料，以作为依据。

（3）不要以某特定的评分要素的判定结果，去影响其他评定要素。评定要素应独立考虑。

（4）把评价过程公开化，当扣分时需要向当事人讲明原因，最后分数也要在评价看板上公布。

（5）在评价后必须与员工进行谈话，说明奖罚的原因，并且要求各作业区按月公布评价分数，进行绩效反馈。

（6）以对某班组员工的好恶，或作业场所的“造成事端者”为由，而做不公平的评分，是不应该的。

二、允许员工越级申诉

诚实地根据事实来评价，是班组长的任务。手下留情的、过分严格的或大家都平均分数的评价，等于放弃身为管理者的义务。

当然，即使采取了过程公开的评价方法，也不能完全杜绝因上级的个人喜好所引发的个别员工的不公平感。因此，公司在某些情况下应该允许员工越级申诉，由部门组织人员进行调查，如果属实，则进行调解和改正处理结果；如果不正确，则进行解释；当矛盾较难解决时，则考虑进行人员调整。

三、如何评价员工的工作态度

工作态度包括工作积极性、热情、责任感、自我开发愿望等较抽象的因素。评定这些因素，除了主观性评价之外，没有其他办法可想。员工的工作态度只能由直接上级根据平时的观察予以评价。考评项目基本如下图所示。

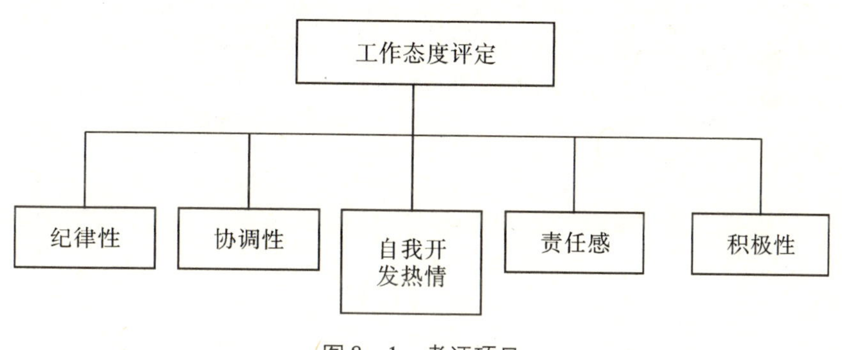

图 8－1　考评项目

表 8－4 是员工素质各要素的定义，表 8－5 是对各要素评价时的评价要点，这两个表都是从企业的真实人事资料中摘录的。企业内规定并公布这些评价标准，既可以提高员工对人事考评客观性、公正性的认识，又可以作为员工日常工作主观努力的目标。

表 8-4　员工素质要素的定义

类别	评价因素	定　义
成绩评价	质量	任务完成结果正确、及时，与计划目标一致。接受他人帮助的程度及工作总结报告的适当与否
	数量	完成任务的工作量、期间（速度）及费用节约情况
	教育、指导	对下属或后辈进行现场教育（OJT）指导效果 对下属或后辈进行思想工作，提高他们自主管理的意识
	创新、改善	对本职工作进行的改进效果，积极采用新思想、新方法的表现
工作态度评价	纪律性	遵守企业规章制度及生产现场纪律，服从上级的批示、命令 遵从日常社会生活道德标准，注意礼貌
	协调性	对有利于集体的事，不分分内分外。有集体观念和组织观念
	积极性	主动参加改善提案、合理化建议等活动，主动承担本职外的任务
	责任感	不论怎样困难也必须确保完成任务的精神 勇于承担自己和下属工作的责任
	自我开发热情	努力提高自己的能力，对较高目标的挑战态度达到自我开发目标的进度
能力评价	知识	胜任本职工作所需的基础知识、业务知识和理论水平
	技能	完成本职工作所需技术、技巧、业务熟练程度、经验
	理解、判断、决断	充分认识职务的意义和价值，根据有关情况和外部条件分析问题，判断原因，选用适当的方法、手段的能力
	应用、规划、开发	充分认识职务的意义和价值，根据有关情况和外部条件分析的基础上，具有预见性，通过调查、研究、推理思考归纳具体对策、方法的能力
	表达交涉协调	为顺利完成任务，正确地说明解释自己的看法、意见，说服他人与自己协作配合，同时有维持良好的同志关系的能力
	指导监督	按照下属、后辈的能力和适应性适当分配任务，并在工作中予以指导帮助，同时启发其集体观念和劳动热情的能力

表8－5　员工素质要素的评定要点

因素 等级	纪律性	协调性
普通1～3级	是否遵守现场纪律、规定 (1) 工作服、工作靴、姓名标牌是否穿戴整齐 (2) 请假是否遵守规定办理手续 (3) 对同事、上级是否礼貌 (4) 工作中有无迟到、早退 (5) 对规章制度、上级指示等有无阳奉阴违	(1) 是否与同事、上级协调配合共同工作 (2) 能否主动帮助他人工作 (3) 是否主动按照领导意图工作 (4) 是否积极参加集体活动和企业内各项运动，并在其中尽到自己的能力 (5) 是否努力促进集体的团结
普通4级 指导1级	对规章制度有无充分认识，能否以身作则，对下属或后辈起带头作用 (1) 是否严格遵守规章制度 (2) 贯彻作业规程，强化文明生产 (3) 休假是否安排得当，不影响生产 (4) 能否以提高生产率为目的，努力维持和提高集体的纪律性	(1) 能否起到沟通上下级意见的作用 (2) 能否爽快接受上级指示，主动协助他人 (3) 是否既充满自主性，又能与他人配合 (4) 能否以提高生产率为目的，促进集体的和睦团结 (5) 有无利己主义，损害集体的行为
指导2～3级	(1) 是否时刻关心企业信誉，不做有损企业信用、声誉的事，并且时常这样教育下属 (2) 积极维护提高集体的纪律和组织纪律，不但自己以身作则，而且严格要求下属	(1) 是否起到沟通上下级意见的作用，并积极协助上级进行工作 (2) 作为集体的领导，能否努力促进集体的活跃气氛 (3) 从企业全局出发，以提高生产率为目的，与其他管理干部密切配合

对不同级别的员工，各个考评因素在评语中所占的比重是不同的，级别越高则工作中的自由度就越大，对能力的要求也越高；在较低的级别上，定型事务较多，与高级别相比更需要的是纪律性、积极性等工作态度因素。通过对公司员工的客观要求和素质的评价，我们就可将不同的员工安排到适合的工作岗位，实现科学用人，从而最大限度地开发人力资源。

第四节 班组员工绩效评价的具体实施

一、员工评价对象与期限

以下对班组员工所作的评价对象特指班长以下技能职员工，对新员工及试用期未满者的绩效评价不在此列。

评价者，即评价主体是员工的直接上级（班组长）和次上级（车间主管），各自的评价权重可按不同公司的人力部门相应评价细则的规定计算。

评价期限一般分年度及季度。年度评价是1月1日~12月31日；季度评价指每一季度，即1/4（1月1日~3月31日）、2/4（4月1日~6月30日）、3/4（7月1日~9月30日）、4/4（10月1日~12月31日）。

二、员工评价的类别

1. 月度评价

依照班组相应的评价细则每月度进行的评价。

2. 季度评价

依照人力部门相应的评价细则每季度进行的评价。

3. 年度评价

将四个季度评价得分简单平均，得出个人年度评价得分。然后在班组内进行排序，结合相应类别当年度技能职评价等级分布比例确定技能职人员的最终评价等级。

三、班组员工评价的项目与具体方法

班组员工评价的项目主要有：能力及任务完成度评价、态度评价、贡献及参与度评价、重大事件加减分。具体方法详细阐述如下。

1．能力及任务完成度评价

表8－6　能力评价表

项目	定　义	着重点	评价尺度	对应分数	1/4	2/4	3/4	4/4
理解力	正确判断所指示业务内容、意图及事情状况的能力	·是否在业务指示、执行过程中正确理解业务重点核心并消化 ·是否了解部门或上级的方针并反映于工作中 ·是否对新的事情或状况能够正确理解	卓越 优秀 良好 普通 较差	10 8 6 4 2				
解决问题能力	为实现某种目的或采取有效方法技巧，改变现状的能力	·是否能够找出所担任业务的问题或树立有效地解决问题的方案 ·是否发现问题制定报告书提交公司解决 ·是否为实现目标和解决问题努力寻找并着眼于合理的新方案 ·发现问题后是否随时采取有效措施解决问题	卓越 优秀 良好 普通 较差	30 24 18 12 6				
业务执行能力	按期完成所担任任务并明确提示所执行业务结果的能力	·接受任务，是否利用最恰当的方法有效地予以处理 ·遇到难关，是否能坚持不懈地完成任务 ·是否经常检查确认日程计划并按时完成	卓越 优秀 良好 普通 较差	30 24 18 12 6				

（续表）

项目	定　义	着重点	评价尺度	对应分数	1/4	2/4	3/4	4/4
业务知识	为圆满执行担当业务所需的专业知识和一般知识	·是否充分理解、熟知执行担当业务所需的法规、程序、方法等专业知识 ·是否广泛掌握执行担当的业务所需的有关知识、电算能力以及一般常识，并予以应用	卓越 优秀 良好 普通 较差	15 12 9 6 3				
5S	整理、整顿、清洁、清扫习惯化	·是否明确区分必要的和不必要的 ·是否把资料、工具、产品等物品保管得井然有序，并在必要时方便自己和其他员工查找 ·是否爱护使用的机器或备品并经常清扫作业场的地面、墙壁、备品等 ·是否认为清洁是业务的一部分并每天随时维持清洁状态 ·是否上述整理、整顿、清扫、清洁习惯化	卓越 优秀 良好 普通 较差	15 12 9 6 3				
（评价者1）直接上级评价小记								
（评价者2）次上级评价小记								
（评价者3）评价小记（若有的话）								
合计：（评价者1）×权重+（评价者2）×权重+（评价者3）×权重								

2. 态度评价

表 8-7 态度评价表

项目	着重点	评价尺度	对应分数	1/4	2/4	3/4	4/4
纪律性	·遵守公司各项纪律规定的态度 是否为遵守理解公司制度、规定及操作规程而努力 是否努力理解上级的批示及命令并圆满地贯彻执行 ·遵守考勤制度的态度 是否按照相关规定按时进入操作区 是否有早退现象发生 是否有中途离岗、坐岗、睡岗现象发生	卓越 优秀 良好 普通 较差	20 16 12 8 4				
责任心	·无论如何对自己的业务范围有负责的态度 是否经常自觉履行自己的职责，克服困难诚实地负责执行完成为止 是否利用正确的方法在规定时间内完成任务 是讲不可能的理由，还是先考虑可行的方案并付诸行动	卓越 优秀 良好 普通 较差	20 16 12 8 4				
积极性	·拓宽自己业务、能力的态度 是否上级没有具体指示之前自觉完成业务 是否经常寻找与自己业务相关的业务来做	卓越 优秀 良好 普通 较差	20 16 12 8 4				
协助性	·为部门和整体利益互相协助的意志及态度 是否主动帮助他人或其他部门的业务 是否在工作过程中与他人或其他部门相互协助	卓越 优秀 良好 普通 较差	20 16 12 8 4				

（续表）

项目	着重点	评价尺度	对应分数	1/4	2/4	3/4	4/4
自我开发	·经常开发自我，寻找新的业务的态度 是否不满足于现状在问题意识下为找出问题点，提供合理化建议而进行研究 是否在危机意识下为拓宽自己的业务范围学习相关的知识、技术及技能	卓越 优秀 良好 普通 较差	20 16 12 8 4				
（评价者1）直接上级评价小记							
（评价者2）次上级评价小记							
（评价者3）评价小记（若有的话）							
合计：（评价者1）×权重+（评价者2）×权重+（评价者3）×权重							

3. 贡献及参与度评价

表8－8　贡献及参与度评价表

项目	着重点	评价尺度	对应分数	1/4	2/4	3/4	4/4
贡献度	·为公司的利益付出努力并产生效果的程度 是否在圆满完成本职工作以外，还积极从事其他相关事情 是否为公司创造最大利益，在各方面尽了最大努力并取得了一定的成果	卓越 优秀 良好 普通 较差	50分 40分 30分 20分 10分				
参与度	·参与公司各种活动的态度 是否经常支持并积极参加公司各种活动（如教育培训、运动会、提案、各种兴趣小组等） 是否为公司各种活动的组织和实施付出努力	卓越 优秀 良好 普通 较差	50分 40分 30分 20分 10分				
（评价者1）直接上级评价小记							
（评价者2）次上级评价小记							
（评价者3）评价小记（若有的话）							
合计：（评价者1）×权重+（评价者2）×权重+（评价者3）×权重							

4. 重大事件加减分

表 8-9 重大事件加减分表

项目	内容
重大事件加分	有效益确认书，经确认增加公司年效益、减少损失或节省成本，每1万元加1分，最多加20分
重大事件减分	对公司造成损失的，经确认的直接责任人和间接责任人，除按相关规定处理外，另每1万元减分，直至扣完为止。减分须附过失责任书面材料

5. 个人评价

表 8-10 个人评价表

评价年度：　　　年

评价季度	1/4	2/4	3/4	4/4	年度得分	名次	最终评价等级
评价得分							

被评价者	所属		工号	
	职级		姓名	（印）
评价者（直接上级）	所属		工号	
	职级		姓名	（印）
评价者（次上级）	所属		工号	

注：※ 评价者依据被评价者所属在上表相应表格打"√"。

※个人评价表的目的是通过明确目标，本人可做好自我管理，上司可作为系统地指导、支援的指南来用。

※评价结果活用于工资、奖金、晋级、教育、育成等多种补偿和待遇方面，请慎重填写。

第五节　班组员工的奖惩

奖惩就是奖励与惩戒。奖励和惩罚是规范人们行为的有效杠杆，是激励职工起码并必须实施的有效手段。要使员工考评真正起作用，最后必须通过奖惩来实现。

一、员工的奖励

1. 员工奖励的形式

一般来说，对员工的奖励可分为物质奖励和精神奖励两种，物质奖励包括奖金、加薪、奖品、升迁、带薪休假等；精神奖励包括表扬、培训等。

2. 员工奖励应注意的问题

（1）要把物质奖励与精神奖励有机结合起来，使两者相辅相成。

（2）员工做出了成绩，符合奖励标准以后，管理者应该立即予以奖励。

（3）对不同的员工要采用不同的奖励方式。

（4）奖励程度要与员工的贡献相符。

（5）奖励的方式可以适当变化。

二、员工的惩罚

1. 惩罚的形式

管理者在对员工的期望行为给予奖励的同时，也要对员工的非期望行为予以必要的惩罚。惩罚在某种程度上也是教育。因此，有效而又公平地运用惩罚手段，也是激励员工的一种重要手段。惩罚的形式包括：批评、扣罚奖金、给予罚款、降低薪资、降低职务、免除职务、岗位调整、给予辞退以及其他惩罚。

很多惩罚形式班组长没有这样的权限，但是班组长必须知晓相关规定，以便教育和督导员工。

2. 惩罚时应注意的问题

（1）惩罚要合理。

要使受罚者罚而无怨，口服心服，必须让他们知道惩罚本身并不是目的，而仅是一种手段，对受罚者是教育，对其他人可产生威慑力量，起到防患于未然的作用。一般惩罚仅在不得已时才用，否则，容易产生对立情绪，不利于企业目标的实现。

（2）惩罚要适当。

首先，惩罚的时机要准确恰当，当事实真相已经查明时，就要及时处理；其次，惩罚的比例要恰当，对员工的一般错误，可以教育的，不一定用惩罚的方法。惩罚程度宜轻不宜重：从宽惩罚，易使员工感到内疚，可避免产生逃避心理或抵触情绪；惩罚过重则易造成当事者的反感，并引起周围员工的同情，反而会削弱惩罚的效果。

（3）惩罚要一致。

首先，要言行一致，严格按照制度规定执行；其次，要做到在惩罚面前人人平等，只有这样才能做到以罚服人。

（4）惩罚要灵活。

即惩罚的方法可灵活多样。对员工的惩罚方法，可以是口头的，也可以是书面的；可以是公开的，也可以是私下的。一般来说，员工受惩罚并非光荣之事，因此，如以书面及公开方法处理，员工所受挫折较大；如以私下或口头方法处理，则员工所受挫折较小。因此，除为维护纪律对性质恶劣的惩罚必须书面公开处理外，一般宜以口头或私下进行，以使受惩罚的员工自己有所警惕，知过而改即可。

第九章 化解员工冲突，营造和谐氛围

第一节 妥善处理与员工的冲突

在某些情形之下，员工与班组长之间引起的互不相容的反应，就构成了冲突。一个令人愉快的人际氛围是高效率工作的一个很重要的影响因素，快乐而尊重的气氛对提高员工工作积极性起着不可忽视的作用。班组长要团结同事，尊重员工，识别那些没有效率和降低效率的行为，并能够有效地对之进行变革，从而高效、轻松地获得有创造性的工作成果。

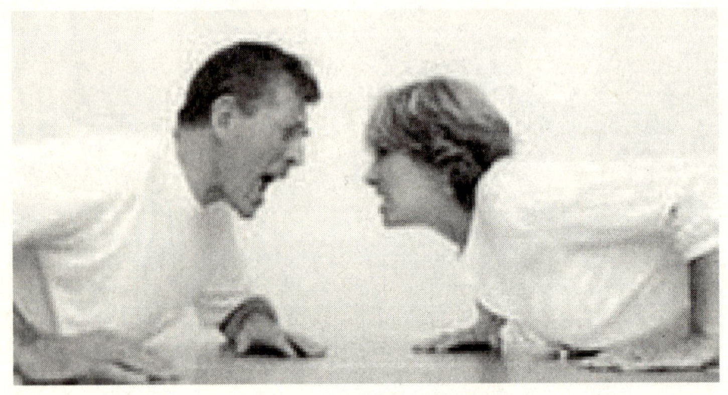

员工冲突不可避免，关键是化解

一、班组长处理冲突的原则

冲突化解法指具体说明处理冲突的态度、做法，以缓解班组内部的工作气氛，疏通关系，创造良好的工作环境。具体操作原则如下：

1. 分析原因

分析发生冲突的原因，找出主要责任方。

2. 调停

请与本事无关的第三人从中调停，搭好桥梁。

3. 不同情况区别对待

针对不同情况，酌情处理冲突。

4. 表达善意

在合适的时候，适时表达自己化解冲突的良好愿望。

5. 适可而止

冲突一旦停止，不再追究，不再扩散。

二、班组长处理冲突的方法

1. 引咎自责，自我批评

心理素质要过硬，态度要诚恳，若责任在自己一方，就应勇于找下属承认错误，进行道歉，求得谅解；如果重要责任在下属一方，只要不是原则性问题，就应灵活处理，因为目的在于更好地开展工作，所以作为上司可以主动灵活一些，主动承担一些冲突的责任，给下属一个台阶下。人心都是肉长的，这样的胸襟极容易感动下属，从而化干戈为玉帛。

2. 放下架子，主动搭腔

不少人都有这样的体验，即当与下属吵架之后，有时候谁见了谁也不先开口，实际上双方内心却都在期待对方先开口。

所以，作为班组长遇到下属特别是有隔阂的下属，就应及时主动搭腔问好，热情打招呼，以消除冲突所造成的阴影，这样就会给下属和公众留下一个不计前嫌、大度处事的印象。不要抹不下面子，憋着一股儿犟劲不搭腔不理睬，昂首而过，长期下去就会让矛盾像滚雪球般越滚越大，势必形成更大的隔阂，和好就会更困难。

3. 不与争论，冷却处理

就是当下属与自己发生冲突之后，作为班组长不计较，不争论，不扩散，而是把此事搁置起来，埋藏在心底不当回事，在工作中一如既往，该指示仍指示，该表扬还表扬，就像没发生过任何事情一样。这样随着时间一长，就会逐渐冲淡、忘记以前的不快，冲突所造成的副作用也就会自然而然消失了。

4. 请人斡旋，从中化解

就是找一些对下属有影响力的“和平使者”，带去自己的歉意，以及做一些调解说服工作，这不失为一种行之有效的策略。

尤其是当事人自己碍于情面不能说、不便说的一些语言，通过调解者之口一说，效果极明显。调解人从中斡旋，就等于在上下级之间架起了一座沟通的桥梁。但是，调解人一般情况下只能起到穿针引线的作用，重新修好，起决定性作用的还是当事人。

5. 避免尴尬，电话沟通

打电话解释可以避免双方面对面的交谈可能带来的尴尬和别扭。打电话时要注意，语言应亲切自然，不管是由于自己方法不当造成的碰撞，还是由于彼此心情不好引发的冲突，不管是因下属的傲慢而引起的“战争”，还是由于自己思虑不周造成的隔阂，都可利用这个现代化的工具去解释；或者利用书信的方式去谈心，把话说开，求得理解，以达成共识，这就为恢复关系初步营造了一个良好的开端，为下一步的和好面谈铺平了道路。

这里需要说明的是，此法要因人而异，不可滥用，若下属平时就讨厌这种表达方式的话，用了反而更糟糕。

6. 寻找机会，化解矛盾

就是要选择好时机，掌握住火候，积极去化解矛盾。比如：当下属遇到喜事（如结婚、生日）或受到表彰时，作为班组长就应及时去祝贺道喜，这时下属情绪高涨，精神愉快，适时登门，下属自然不会拒绝，反而能感受到你的诚意和对他的尊重，当然也就乐意接受道贺了。

7. 宽宏大量，适度忍让

当与自己的下属发生冲突后，运用这一方法就要掌握分寸，要有原则性。

一般来说，在许多情况下，遇事能不能忍，反映着一个人的胸怀与见识。但是，如果一味地回避矛盾，妥协忍让，委曲求全的话，就会在公众中使自身的人格和形象受到不同程度的损害，正确的做法是宽宏大量，不要小肚鸡肠，斤斤计较。

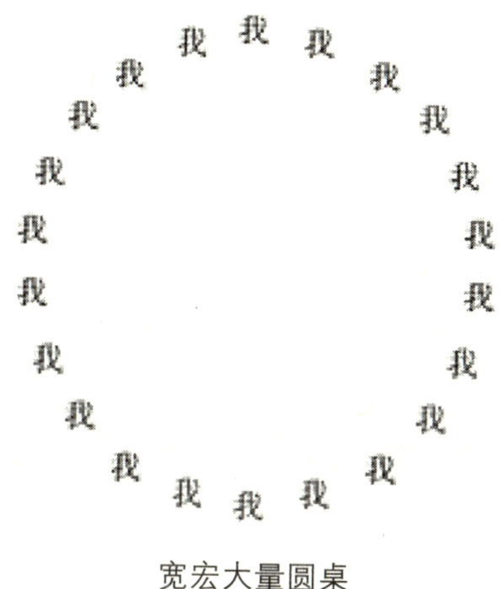

宽宏大量圆桌

适度地采取忍让的态度，既可避免正面冲突，同时也保全了双方各自的面子和做人的尊严。话又说回来，如果下属偏偏是位不近情理，心胸狭窄，蛮横霸道的人，就不应该一让再让，让他觉得这个班组长软弱好欺，而应当机立断，毫不犹豫地给予相应的回击和处分。处理这样的下属一定要理直气壮，客观公正，让所有人都明白不是针对谁，而是一种企业的行为。

三、如何化解员工的抵触情绪

班组长在班组人员管理中经常会遇到员工的抵触情绪，比如推行一项新的管理措施、试行新的作业方法、进行工作轮换等。但是，无论班组长如何努力想要作出改变，却经常会在与员工沟通时四处碰壁。如何化解员工的抵触情绪呢？

1. 正确对待抵触情绪

（1）抵触情绪是自然反应，是必经的过程。

根据美国普里契特管理顾问公司的统计显示，通常只有20%的员工一开始就会全力支持改变，50%的员工持中立态度，另外30%的人对于改变非常有抵触情绪。

事实上，抵触情绪是自然反应，也是必然的过程。不是每一个人都能立即全心全意地接受改变，员工需要时间调整，更需要班组长的沟通与协助。

（2）不应将员工的抵触情绪视为阻碍。

面对员工的抵触情绪，班组长不应该不断地向员工强调改变的必要性，而是要正视员工的反应，去了解背后的原因，化解员工的抵触情绪。

员工有抵触情绪，表明你有些地方可能没有做好，例如没有说清楚，让员工产生疑虑，或是没有提供足够的协助，让员工不知该如何是好。

（3）界定彼此的权利义务。

员工不是不愿意改变，而是更在乎他自己会受到什么样的影响。也许只是稍微调整员工的工作内容，但对于员工来说，他势必会想到自己的权益是否受到了影响，他是否比过去要多做许多却没有得到相应的报酬，或是他必须承担更多的责任，但是权限并没有相对增加。

2. 了解员工为何心生抵触情绪

到底是什么原因让员工面对改变时心生抵触情绪呢？员工的抵触情绪可以分成四个不同的层次。

（1）信息不明确。

对于新决策，员工往往只是被告知决策的结果，却不知道决策的过程。他们不知道为何改变，更不知道这样的改变到底有什么好处。

（2）情况不了解。

员工对于该如何改变完全不了解。许多时候，班组长只是看到了问题，觉得有改变的必要，却没有想到该如何做。当然，你可以和员工充分沟通后，再决定确切的做法。但是，如果你心中没有明确的想法，又如何与下属讨论？

（3）心态不安。

有时候改变意味着员工必须放弃已经熟悉的一切，接受不熟悉的新领域，那是他无法确实掌控的，心里难免有些不安或是焦虑。

你让员工转调职务或是部门时，也许是希望他能得到全面的历练。但对员工来说，必须重新学起，而且也不知道自己未来会做得如何。身为班组长，如果没有考虑到员工心里的担忧，很可能自己的美意就成了员工眼中不合理的要求。

（4）心理不信任。

因为过去太多不好的经验，让员工不相信改变会带来任何好的结果；或是觉得改变只是为了组织的利益，对于员工没有任何好处。当你明白了员工不信任的理由，其实也是提醒自己，在改变过程中应避免发生类似的情形。

3. 化解员工的抵触情绪

（1）不是要安抚情绪，而是要化解疑虑。

要点提示

相对于结果本身，很多时候人们更在乎结果产生的过程。

在面对员工的抵触情绪时，不要想着采取安抚的态度，这样根本误解了问题的本质。事实上，员工需要的不是安抚，而是化解心中的疑虑。

班组长与员工之间时常处于信息不对称的状况，许多的信息或是事实只有班组长知道，员工却是一无所知。这会让员工觉得不公平，更会对改变本身产生质疑。

因此，改变过程的公平与否非常重要。要达到改变过程的公平，必须做到以下两点：

①向员工解释清楚。正如先前所说，员工必须知道“为什么”，为什么需要改变？也许你真的说明了原因，但你是否真正做到了信息透明？如果员工无法得知信息，又如何要求他去接受改变？

②听员工的声音。在改变的过程中，你是否有让员工表达自己意见的机会？许多时候班组长认为有必要改变的事情，员工并不这么认为；班组长认为改变会带来好的结果，员工却认为改变只会带来负面的结果。角色不同，会产生不同的认知。

不论最后的结果是采用你的想法、员工的想法，或是重新找到新的做法，都并不是最重要的，关键在于员工的意见被听到、被讨论过。公平的改变过程讲求的是每一种意见都有表达的机会。

（2）不要谈论价值观，而是沟通具体的事实。

口号、价值观、愿景，这些都不重要，员工真正想知道的是，到底他该怎么做。

你要沟通改变所带来的结果时，不要对员工说希望要成为全公司班组的第一名，而是具体地说出下一个月产量能比这个月增长多少等较为具体的目标。

除了清楚表达你对于改变的期望之外，还应说明具体的作为，如要达成质量目标具体应该怎么操作等。

(3) 不要刻意隐瞒，要确实说明可能的困难。

班组长通常只看到改变好的一面，却忽略改变过程中可能遇到的困难或阻碍。不要忘了，员工是真正执行改变的人，对于整个改变过程他们是有亲身体验的。员工心里明白，事实上过程并不如班组长所说的顺利和容易。

为了让员工接受你的想法而刻意忽略负面信息，只会适得其反。唯有确实反映事实，才能取得员工的信任。况且，你把困难说明，也代表了你确实能明白员工必须做出极大的努力去达到目标，这让员工感受到你与他是站在一边的。

(4) 不要只顾虑员工的想法，而要去影响员工。

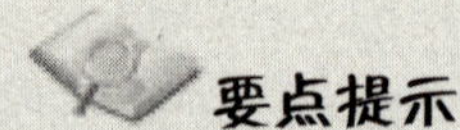

要点提示

员工遇到工作上的困难时，班组长必须提供应有的协助，尽量帮助员工解决改变过程中的困难。

担任班组长的职务，最重要的就是运用自己的权力去影响别人。这不是说擅用职权，强迫员工接受你的命令。而是班组长有最后的决策权，可以决定什么事情应该做，且必须去做。

有时候，员工需要有人不断地在背后“推”他向前，他以为自己做不到或是做不好，但事实上，员工是有这个能力或是潜力的。然而，如果没有尝试，就永远不会知道。

担任班组长的你不应该担心自己与员工的意见相左，许多时候你必须去要求，而不是完全让员工自己决定。

第二节　妥善处理员工的抱怨

抱怨是一种正常的心理情绪，班组长大可不必惊慌，应当采取措施认真对待，不要使这种情绪蔓延和激化。

一、认真倾听

乐于接受抱怨面对抱怨，班组长所需做的第一件事就是认真倾听。只要能让他在你面前抱怨，就成功了一半，因为你已经获得了他的信任。

二、了解起因

任何抱怨都有原因。多方面地了解原委是必要的，在事情没有完全了解清楚之前，班组长切忌发表言论，表明态度。

任何抱怨都有他的起因，除了从抱怨者口中了解事件的原委以外，班组长还应该听听其他员工的意见。如果是因为同事关系或部门关系之间产生的抱怨，一定要认真听取双方当事人的意见，不要偏袒任何一方。在事情没有完全了解清楚之前，管理者不应该发表任何言论，过早地表态，只会使事情变得更糟。

三、平等沟通

平等沟通，可以阻止抱怨情绪的扩散。实际上，80% 的抱怨是针对小事的抱怨或者是不合理的抱怨，它来自员工的习惯或敏感。对于这种抱怨，只有通过充分、友善、耐心的沟通来解决。班组长首先要认真听取抱怨者的抱怨和意见；其次，对抱怨者提出的问题做认真、耐心的解答，并且对员工不合理的抱怨进行友善的批评，这样做就基本可以解决问题。另外 20% 的抱怨是需要作出处理的，它往往是因为公司的管理或某些员工的工作出现了问题。对抱怨者首先还是要平等地进行沟通，先使其平静下来，然后再采取有效的措施。

四、果断处理

处理要果断。需要作出处理的抱怨中有 80% 是因为管理混乱造成的，由于员工个人失职只占20%，所以，规范工作流程、岗位职责、规章制度等是处理这些抱怨的重要措施。在规范管理制度时，应采取民主、公开、公正的原则。对公司的各项管理规范首先要让当事人参加讨论，共同制定，对制定好的规范要向所有员工公开，并深入人心，只有这样才能保证管理的公正性。如果是员工失职，要及时对当事人采取处罚措施，尽量做到公正严明。

五、就事论事

尊重任何员工的抱怨，不要受其工作表现等其他因素的影响，处理抱怨时将注意力集中在抱怨本身，而不是借此机会让他检讨工作。

对于需要采取有效措施的抱怨，一要民主、公正、严明，二要及时、果断，特别要防止情绪的扩散，将其影响的人群控制在最小的范围内。

第三节 处理好员工之间的冲突

员工与员工之间时常会因为工作上或生活上的事情发生冲突。班组长如不能合理地解决他们之间的冲突，有时这种冲突会严重危及班组良好人际氛围。

通常，员工看起来是在为一些鸡毛蒜皮的小事情而闹矛盾。但你切切不可对这种小矛盾等闲视之。这种事情可能涉及自我领域、自尊以及地位的争斗，这时候就没有哪一个是无足轻重的了。尽管口角会经常存在，但你要把握好解决的尺寸，要适度才行。

一、尽量接近员工

你可以通过以下的方式来达到这一点：尽量使自己让下属接近，通过与他们的交谈来了解工作的进展或是遇到什么麻烦。

做这种让下属能接近的上司，必须能够仔细听取他们的意见，必须能够重视一些细小的事情，必须处处体现出对他们的关切和在意。去了解事情的进展意味着要通过积极的询问来获取信息。看是否有人需要帮助或努力去发现一些细小的变化（如有的员工使劲敲门、乱扔工具、大声叫嚷、迟到等），因为这些细微的蛛丝马迹中可能蕴藏着矛盾冲突。所以你最好是在问题严重之前就解决它，尤其是这种涉及多名下属的问题。

没有人愿意生活在不愉快的环境之中，一个有问题的员工可能会导致整个工作氛围令人不愉快。假设你有两名下属经常争吵，那么你就有必要去弄清这种争吵是一种友好的争吵，还是暗中带刺相互中伤的争吵？是一种用于闲极无聊时解闷逗趣的方法，还是开玩笑的嘲讽？如果属于后者，你便要作为中间人去加以调解了。

二、合理应对员工冲突

有人很害怕出现矛盾，因而当矛盾出现时便不惜一切代价去消除它；也有的人只对争论和冲突情有独钟。

有时，一些意见上的分歧是十分必要的。如果人们认为持异议或不赞同是一种很自然的事情，并且不是把争论看作一种威胁而是看作一种健康的行为，那么企业会因此受益匪浅。因为，如果我们对什么都保持一致，就不会有挑战，不会有创造性，也不会有相互的学习和提高。例如，如果两名员工就某一问题的最佳解决方案争得面红耳赤，这时候你要表现出对他们这种认真态度和敬业精神的赞许，你可以得出一个实际可行的折中办法，或者从一个特殊的角度来发现解决的妙方。

冲突的结果包括有益的结果和有害的结果：

（1）有益的结果。

①在某种情况下，消除了分裂因素，取得了更加一致的意见，班组内重新形成团结的气氛。在公开冲突之后，冲突者可能会感到相互之间更加接近。因此，有益的冲突会有利于班组内部“气氛的清新”。

②发生冲突之后，班组可能产生新的班组长。因为在冲突的压力之下，领导发现原来的班组长不合适。这可能使班组面貌发生有益的变化。

③冲突的结果，旧的不合适的目标可能会被修改，代之以合适的目标。例如，工程部门和生产部门在产品质量、成本和价值方面的争执之后，可能得到一种既符合市场需要又符合企业利益的产品设计。

④在几次小事件的冲突之后，引起了人们注意，从而订立必要的制度，提高了管理水平。有些公司建立经理定期召开雇员座谈会制度，使人们有机会反映意见，从而提高工作的效率。

⑤在冲突的影响下，可能增加完成任务的干劲，使班组“加速运转”。为此，有的行为学家把冲突称为班组的润滑剂。

⑥冲突可以促进创新。由于不同意见、观点的交锋，使人们的认识深化，引发创造性的思维。

⑦由于冲突迫使人们表明自己的观点来支持自己的论点，促进了意见的交流。

⑧某些心理学家还认为，冲突可以满足许多人固有的“挑衅性”。

（2）有害的结果。

①冲突给某些人突然产生情绪压力，影响了精神健康。

②剧烈的冲突常常造成班组资源的错误分配，给班组的整体效果带来损失。在冲突中还会浪费时间和一定量的金钱。

③当争执者的立场走向极端时，使班组系统不能处于正常状态，作出不正确的决定。

④曲解了班组目标，走上了歪道，给班组造成损失。

如果你遇到那种个人之间的冲突，最好私下里单独听听双方的陈词，不要急于表态。

人在气极时可能会说出诸如：“我再也不会跟你反映任何事情了”的话，当然，他不可能做得到。你要避免火上浇油的正面冲突，因为下属向你谈及他的感觉，能够消除他的怒气。待过一段时间后，你再就此作出决定，看如何使他们更好地相处，以共同实现班组的目标。

不要指望分歧的双方能够和好如初。但你要告诫他们必须相互尊重，不论感觉如何都应当充满理智地以礼相待。

这时候，你便有权威来订出一些条例。比如说：不准直呼其名；不得故意破坏或扰乱他人工作；不得对同事持不合作态度；不准因任何理由动用暴力等。

在这种情况下，你可能遇到的问题是其他下属会对此表明他们的态度。因此你可能会看到一半的人与另一半的人形成对峙。这时，除非你有绝对的把握谁是谁非，否则不要表态。你首先要强调的是：工作第一。只有当你对自己的调查能力、分辨能力以及自己的公正无私有绝对的信心和把握时，你才能让当事人双方对质。而且对质的场合最好选在私人办公室或其他工作地之外的地方。

在解决这类问题时，有一个行之有效的方法，那就是让当事人双方能够调换角色，设身处地地为他人想一想。

三、公正解决纠纷

当员工之间产生矛盾时，班组长面临着一个选择。要么班组长扮演班组解决问题的人的角色调节矛盾，要么协助员工商讨出使双方都能满意的解决方案。精明的班组长只要有可能都会选择后者，在整个过程中帮助员工提高将来在没有干预下自己处理矛盾的技巧。

从今以后，班组内部无论何时产生矛盾，牢记第一反应都应如此："让我们先听一下各方的理由然后再试图解决"——而不是先决定班组长站在谁一边而支持谁。

一定要记住，挑动一个员工对付另一个员工，不管在任何情况下都不正确。有些班组长有意想把一个成员开除时，会利用别的员工的协助，"鼓励"那名不合格的员工在给他另派任务或把他解雇之前，让他主动离开。对付那些不听话的员工是班组长作为班组领导的分内之事，而和别的员工无关。

尽管在班组里总会有一些班组长认为是心腹的员工，与其他员工比起来班组长更信任他们，甚至言听计从，但是别忘了不要让这种偏爱左右了班组长在处理班组成员之间的分歧时的决定，这才是最重要的。班组的每一位成员都在为整个团队作出贡献。

有时候，当员工们之间发生矛盾时，班组长就会不可避免地陷入更喜欢谁而不喜欢谁的旋涡之中。但是，为了发掘班组最大限度的工作能力，最好的办法是对每位成员一碗水端平，避免顾此失彼。在前面已经讨论过，需要认识到每位员工都有和别人的不同之处，有不同的喜好和价值观念。但班组长可以兼容并蓄，让每位员工都知道班组长在像支持别人那样支持他。当员工知道自己被赏识时，往往更卖力。

第四节　建立良好的人际氛围

良好的人际氛围是自由、真诚和平等的工作氛围，就是在员工对自身工作满意的基础上，与同事、班组长相处融洽，互相认可，有集体认同感，充分发挥团队合作，共同达到工作目标，在工作中共同实现人生价值的氛围。班组长要努力营造健康的人际氛围。

一、营造良好的氛围是班组长的职责所在

建立和谐班组人际氛围是班组长职业技能的重要部分。

班组长的角色，是为达成Q（品质）、C（成本）、D（交货期）指标，设定班组目标，选择最佳的方法和手段。而再好的做法也要靠管理或实践的员工们彼此协调合作。因此，有关人员的相互关系，会影响工作的成功。员工所呈现的力量会左右生产状况，因此班组长应倾注全力来塑造一个坚强的工作场所。为此，班组长必须做到以下几点：

（1）了解健康的工作环境与不健康的工作环境状况，而自己实际所负责的工作环境属于何种情况，要认识现状。

（2）理解人的态度或行动，如何能改变。

（3）自主带动领导改变工作场所的状况。

班组长须具有实施以上步骤的知识、技能以及领导力。

二、如何创造一个良好的愉快的人际氛围

人际氛围是在员工之间的不断交流和互动中逐渐形成的，没有人与人之间的互动，氛围也就无从谈起。制度在这方面所能起到的作用有限，最多也不过是起到一个最基本的保障作用。人是环境中最重要的因素，好的工作氛围是由人创造的。

1. 确定工作职位之间的分工明确

班组岗位之间的合作是否顺利是工作氛围好坏与否的一个重要标志，明确的分工才能有良好的合作。各岗位职责明确，权力明确，并不意味着互不相关，所有的事都是公司的事，都是大家的事，职务分工仅仅是说工作程序是由谁来具体执行的，如此才不会发生互相推诿、互相推卸责任等影响工作氛围的情况。

2. 在班组落实企业文化

从企业文化着手，提高员工工作激情，营造一个相互帮助、相互理解、相互激励、相互关心的工作氛围，从而稳定工作情绪，激发工作热情，形成一个共同的工作价值观，进而产生合力，达到班组目标。

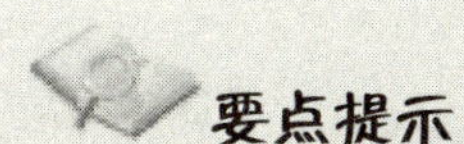

要点提示

真诚、平等的内部沟通是创造和谐的工作氛围的基础。

3. 做好班组内部沟通

企业内部绝对不应允许有官僚作风的存在，职务只代表分工不同，只是对事的权责划分，应该鼓励不同资历、级别的员工之间的互相信任、互相帮助和互相尊重；每一个员工都有充分表达创意和建议的权利，能够对任何人提出自己的想法，主动地进行沟通。被沟通方也应该积极主动地予以配合、回答或解释，但沟通的原则应是就事论事，绝不可以牵扯到其他方面。

4. 重视班组团队建设，营造宽松的工作氛围

班组内应该有良好的学习风气，班组长要鼓励和带领团队成员加强学习先进的技术和经验，在进行工作总结的时候应该同时进行广泛而有针对性的

沟通和交流，共同分享经验，不断总结教训。

三、建立以信任为本的人际关系

1. 信任是建设人际关系的柱石

可以说，一个班组是具有了所有成员相互信赖的氛围之后，才真正地运转起来的。如果员工彼此之间的信任关系显得软弱无力，那么任何的劳动分工与合作都是无稽之谈。再如，班组内部存在权利之争时，竞争的双方都缺乏信任基础，互相猜疑、嫉妒，甚至相互告状便成了常见之事，这也无非是因为怕对方在自己未察觉时占了先机这种不信任的心态所致。

没有信任的根基，人们也许会为工具的丢失而互相猜疑，因为工作信息的谬传而相互“盯梢”。在每个人强颜欢笑的外表下，都藏着难以琢磨的个人目的与戒备之心。如果缺乏信任，同一个班组里甚至在同一个工作地也会出现截然不同的两幅图景，如同一场太阳雨降临时给人的两种不同的感觉，有的人累得心力憔悴，而有的人却抱定“你肯定也干不成”的心理在一边观看。结果，“个人主义”占了上风，工作因缺少多方的聪明才智而成绩平平。

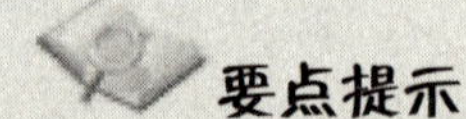

要点提示

信任，就是共同的目标；信任是平等与协作；信任是发展与创新；信任是开放、自由地工作；信任更是交流的结果。

2. 影响信任的四大障碍

（1）价值观之外，班组价值观的空缺。

（2）人与人的互相操纵的习惯或欲望。

（3）不进则退，缺乏发展性。

（4）压抑的工作气氛，缺乏相互交流的机会。

因而，要建立以诚信为基础的良好的人际关系，必须克服这几个障碍对班组的影响。

此外，要建立良好的人际关系，光是同事间的彼此信任以及下属对班组长的信赖仍不算完全的信任，还必须包括班组长对下属的信赖，三者缺一就会导致士气低落。

3. 如何培养信任感

（1）表明你既是在为自己的利益而工作，又是在为别人的利益而工作。

我们每个人都关心自己的利益，但是，如果别人认为你利用他们，利用你的工作，利用你所在的班组为自己的目标服务，而不是为团队、部门、班组利益服务，你的信誉就会受到损害。

（2）成为团队的一员，用言语和行动来支持自己的工作团队。

当团队或团队成员受到外来者攻击时，维护他们的利益，这样就说明你对自己的工作群体是忠诚的。

（3）开诚布公。

人们所不知道的和人们所知道的都可能导致不信任。如果班组长开诚布公，就可能带来信心和信任。因此，应该让人们充分了解信息，解释你作出某项决策的原因，对于现存问题则坦诚相告，并充分地展示与之相关的信息。

（4）公平。

在进行决策或采取行动之前，先想想员工对决策或行动的客观性与公平性会有什么看法，该奖的就奖。在进行绩效评估时，应该客观公平、不偏不倚。在进行奖励时，应该注意其平等性。

（5）说出你的感觉。

那些只是向员工传达冷冰冰的事实的班组管理人员与团队领导，容易遭到员工的冷漠和疏远。说出你的感觉，别人会认为你是真诚的、有人情味的，他们会借此了解你的为人，并更加尊敬你。

（6）表明指导你进行决策的基本价值观是一贯的。

不信任来源于不知道自己面对的将是什么。花一定的时间来思考你的价值观和信念，让它们在你的决策过程中一贯地起到指引作用。一旦你了解了你的主要目的，你的行动相应地就会与目的一致，而你的一贯性能够赢得信任。

（7）保密。

你信任那些你可以相信和依赖的人。因此，如果别人告诉你一些秘密，他们必须确信你不会同别人谈论这些秘密，或者说，不泄露这些秘密。如果人们认为，你会把秘密透露给不可靠的人，他们就不会信任你。

（8）表现出你的才能。

表现出你的技术和专业才能以及良好的商业意识，能引起别人的仰慕和尊敬。应该特别注意培养和表现你的沟通、团队建设和其他人际交往技能。

建立信任与友爱

4. 运用多种方式表达对下属的信任

根据充分信任原则，在具体运用时，班组长对下属表示信任的方式，也就灵活巧妙，多种多样，诸如：

（1）在大庭广众之中，众目睽睽之下，有意制造最隆重的气氛，将最困难、最光荣的重要工作交给某个下属，使他觉得这是班组长对他的最大信任，“看得起他”。

（2）在下属发生某些工作失误，特意赶来向班组长解释时，故意装作对此不感兴趣，打断他的汇报，并让他“好好休息”，甚至还“额外”给他一点不过分的安抚和照顾，暗示他继续大胆干，不要为此而背上思想包袱。

（3）在听到别人对下属的不公正非议时，当即旗帜鲜明地予以驳斥，并且一如既往信任下属。

（4）不以一时的胜败论英雄。在下属屡遭挫折，工作进展不大时，绝不因此而抹杀他的功绩，怀疑他的才能，草率地中途换人，而是及时向下属提供必要的支持和帮助，消除他心中的阴影和疑点，尽快恢复他战胜困难的信心和勇气。

（5）在和下属一起研究工作时，只要条件允许，就应该先听听下属的意见和看法。当下属由于自己的看法和班组长不一致，因而表现出含糊其辞或竭力“靠拢”班组长的观点时，作为班组长，应及时鼓励下属坦率地说出不同意见。当下属在班组长鼓励下，大胆发表了不同意见，而这些意见确实比班组长原来的想法高明时，班组长应当予以肯定；如果下属表述的意见毫无可取之处，班组长也不要生硬地完全否定，而应该首先肯定他在某些方面具有参考价值，然后再详尽地说出自己的看法。要知道，在下属面前充分发扬民主作风，正体现了班组长对下属的最大信任和尊重。

（6）听下属汇报工作时，应根据具体情况，有选择地听听下属完成任务的经过。这样做，不仅可以更全面、周详地考察下属的德才水平，而且还可以使下属希望“显示成绩”的心理得到某种满足，感到班组长对他的信任，从而更加情绪饱满地投入下一项工作。

适时暗示或明白表示班组长“知道”下属在某一阶段做了哪些工作，取得了哪些成绩，从而让下属感到班组长对他是了解的、信任的。

（7）虚心学习下属的长处，也是一种对下属的信任和尊重。在时间允许的情况下，班组长应设法请下属谈谈自己的想法、建议和工作上的打算，通过虚心学习，使下属感到班组长对自己的信任和尊重。

（8）有意“免检”下属从事的某项工作，甚至对下属在工作中偶尔出现的小过失佯作“不知”，只要本人知错改错，不再重犯，就不予细究。通过这种宽容的做法，使下属切实感到班组长对他的充分信任。

（9）在制订计划，以及执行、检查、总结等管理过程中，班组长应尽量吸收下属“参与”这些活动，让他们充分发表自己的意见。通过最大限度地满足他们愿意“参与”的心理，来增强他们对班组长的信任感。

（10）有时间就找下属“随便聊聊”，在闲聊中，应有意识地表示理解下属的工作动机和所作所为。这种在日常接触中培养起来的信任关系，往往比正式谈话中建立起来的感情，更亲密，更自然，也更牢固。

（11）当下属确因某些客观原因而遇到挫折和失败时，班组长应敢于承担自己的责任，绝不可不分青红皂白将责任全部推到下属身上，让下属当替罪羊。只有具有安全感的员工，才能真正感受到班组长对他的充分信任。

（12）员工不必统得过死，管得过严。应在抓好大事的前提下，适当放松一下缰绳，给予员工适度的自由，让他们根据自己不同的兴趣、爱好、特长和追求，去奋力实现个人的小目标。有时候，员工在小目标上取得的进展，不仅不会影响班组长制定的大目标，反而有助于大目标的提前实现。相信员工的自我约束能力，适度“松绑”，也是对员工的充分信任。

灵活多样的信任方式，不仅体现在班组长对充分信任原则理解的深度，还体现在班组长的智慧、才干、胆识和水平上，而且更融进了班组长自己的个性和风格。这些丰富多彩的、可供选择的信任方式，正是各级管理者应用来密切上下级关系的绝好手段。

要点提示

只要充分信任员工，就可以最大限度地激励员工，开发员工的心智。

第五节　提高员工对公司的归属感

不少人抱怨自己雇员的流失率高，对公司的发展影响太大。究其原因是员工对公司的归属感偏低。班组长要努力提高员工对公司的归属感。

一、员工归属感低的影响及缘由

1．员工归属感低的影响

归属感低的公司，至少会有下列问题：

（1）浪费培训资源。

（2）雇员需要一定时间适应，造成效率偏低。

（3）对公司声誉有影响。

（4）直线管理者的管理才能受质疑。

2. 员工归属感低的缘由

影响雇员归属感的因素包括：

（1）上司情绪化，动辄以降职或解雇威胁下属。

（2）人际关系不佳。

（3）上司偏袒某些下属，令其他人感到不公平。

（4）尽管多么努力，也得不到上司的认同或赞赏。

（5）前景不明朗，公司经济经常陷入困难。

（6）诸多限制，下属不能畅所欲言及尽展所长。

人的一生有 1/3 的时间用在工作中。如果工作不惬意，不是 1/3 的人生活在不快乐中，而是除了睡眠时间外，所有时间都感到不快乐。有些较敏感的人甚至会出现失眠现象，足证一份惬意的工作，对人生起着何其重要的影响。

二、如何提高班组员工归属感

员工对公司归属感的提高，也就意味着员工对公司及所在班组在情感上的认同。一个对公司有着强烈归属感的员工，会用他的热情带动更多的员工对班组的认同，班组的人际氛围自然而然地得以改善。如何提高班组员工的归属感呢？

1. 不能强求下属公私分明

人是感情的动物，不能强求下属公私分明，一切私人感情均不带进工作现场，更不要期望每一位下属都是硬汉或铁娘子，他们都需要别人的关怀。

下属满怀心事，未必是因为工作不如意或身体不适，有可能是被外在因素所影响。例如至亲的病故、家庭纠纷、经济陷于困境、爱情问题等，都会使一个人的情绪波动。作为班组长，应予以体谅，并就下属某方面的良好表现加以赞赏，使他觉得自己的遭遇并非那么糟。

2. 多一点关心

冰冷的面孔、严峻的规例、漠不关心的同事，都使人感到不安。在一线多年的人，可能不会感到什么，但对于在家或刚从学校出来被关怀惯了的人，却是一种虐待。

班组长在适当时候为下属解决问题，不单只是公事，也包含私人的情绪。下属遇到挫折时，情绪低落，工作效率和质量会受到影响；如得不到上司的体谅，情况可能会更糟。

用朋友的身份询问下属发生什么事，细心聆听、慎给意见；最重要的，是绝对保密，永不将下属的私事转告任何人，才能得到对方的信任，得以安心投入工作。

3. 允许下属调剂一下情趣

适量地放置私人纪念品，不但能调剂视觉，更能调剂繁重而沉闷的工作，使下属工作起来分外起劲。所谓适量，是指以不妨碍工作为原则。

有时候经过下属的工作台时，不妨留意他们的桌面，看是否摆放家人的照片。表现蛮有兴趣地问他们相片中的人是谁，因为放置私人照片，主要不是给自己看，而是希望得到别人的欣赏和赞美。

一些奇形怪状的装饰品，不妨细加欣赏，使下属感到被重视。遇到桌面放置太多私人物品的下属，不宜下令他立即挪开，应在细加欣赏后，建议他作适当的摆放，可以增加视觉美感，而又不会妨碍其工作进行。

关怀下属，可增加其归属感；但是过分关怀，则流于感情用事。例如因为同情一位失恋的下属，而将其工作量转移到其他下属之上，美其名曰体谅前者，却对后者极不公平，影响后者的工作情绪。

此外，听下属细诉不快事，可以使他们宣泄情绪，但是不懂得控制场面，反而会使对方越说越不安。有时候，下属的家庭有问题，脾气暴躁，作为上司，在聆听他的倾诉后，作出适当的安慰已经足够。千万不要因此在行动上作出让步，使对方得寸进尺。否则他会漠视你上司的身份，忽视你指令的工作，以为自己有了一道“免死金牌”，“奉旨”拖延。

无论任何时间，班组长和下属之间可以存在友情，但在工作上，必须公私分明，一视同仁。

附录：班组长人际状况自我评价

表9－1　人际关系技能表

序号	自评项目	你在什么时候会是如此				小计
		0～20	21～40	41～60	61～100	
1	接受其他任何人（包括一些令人生厌的人们及其他所有人）就像接受一些令你尊敬的人一样					
2	有一种深层的积极的自我珍视感					
3	进行抉择——不是不由自主地行事					
4	把自己看作是有能力去做任何事情或者处理任何问题的人					
5	用一种直接的方式去问他想怎么样					
6	做值得去做的事情，并预先为自己确定目标					
7	接受其他人的赞扬和承认，而不会感到窘迫不安或者是拒不接受					
8	以欣赏的态度去和他人进行沟通					
9	以赞扬和承认的态度去和他人进行沟通					
10	不会甚而是拒绝对他人进行反面的批评					
11	接受甚而是鼓励别人对于自己的反面批评					
12	认为个人的成功只在于自己，而不在于运气					
13	认为个人的失败同样在于自己，而不怨天尤人					
14	常谈到成功所可能带来的收益，而不是失败可能带来的麻烦					
15	相信“我很擅长于我现在干的这份工作，将来我会干得更好”					
16	在遭受失败之后，是重温（不断地）过去的胜利，而不是思量今日的损失					

（续表）

序号	自评项目	你在什么时候会是如此				小计
		0～20	21～40	41～60	61～100	
17	相信他所做的每一件工作都会成功					
18	在和其他人处于同一境况时，一起去体验你们的感觉					
19	生活在现实中——面向现实的问题，而不只是对过去和未来进行幻想					
20	把每一个人际关系的摩擦现象都看作是一个问题，并努力寻求“人人得利”的解决办法					
	总计得分					

说明：把你自己想象成你的一个关系很密切的朋友，对你的行为进行考察。这时你怎样描述你自己的行为呢？

为了确定你总体的技能水平，我们可以赋予0～20这一列中的任何一项的值为1，2为21～40这一列的值，3为41～60这一列的值，4为61～100这一列的值。然后把每一列的值予以加总，再把各列的总值相加，就得出你自己在各个项目上的总得分。这个得分数可以作如下解释：

61～80为人际关系技能水平较高；

41～60为人际关系技能水平一般；

21～40为人际关系技能水平较低；

1～20为人际关系技能水平最差，亦即不称职。

你还可以就每一个具体的项目进行更进一步的分析，因为这里的每一个项目都代表着某一个独特的技能领域。下面，我们列出问卷中各项人际关系技能、各项人际关系行为的特质以及相应的表中项目序号。

①接受其他人：1

②积极的自尊（满意状态）：2、4

③面向现实：3、19

④决断性：5

⑤把重点放在可能的收益上：6、14

⑥自我接受：7

⑦积极沟通：8、9

⑧尊重他人：10

⑨接受批评：11

⑩承担责任：12、13

⑪相信自己，相信能力：15、17

⑫从解决问题出发：16、20

⑬在沟通过程中完全开放自己：18

如果你跟其他大多数班组长一样，你就会发现，你在某些领域要比其他领域要强。然而，不管怎么说，你都必须增强和保持你的优势，与此同时，要制定出对待你的弱项的办法。因为，对于今天的班组长们来说，上面列出的这些方面都是班组长在人际关系问题上必须掌握的技能和必须具备的特质。

第十章　有效沟通协调，及时解决问题

第一节　如何进行有效沟通

班组长做的每一件事情都是在沟通，“沟通、采纳意见、愿意倾听”是管理者博得众人尊重的最重要的特质。要成为真正受人尊重的班组长，就要多花些时间、精力，学习和增强你与人沟通的态度、能力和方法。

什么是员工沟通

将信息传送给员工，并期望得到对方作出相应反应效果的过程就是沟通。

每个班组长在管理过程中都会遇到几个令人头疼的员工：如自以为是处处与你作对的人，斤斤计较的人，慢条斯理冷漠无情的人。身为班组长，对此不要紧张，只要进行有效的沟通，一切都会变好的。但是，有一点非常重要，你必须清楚地了解你与沟通对象各自具有什么样的行为风格，在不同的情境中你又采取了什么样的沟通模式，这对于有效班组管理至关重要。

理想的沟通境界

①不批评，不责备，不抱怨；②引发别人的渴望；③保持愉快的心情；④倾听别人；⑤让别人觉得重要；⑥主动用爱心关怀别人；⑦真诚赞美别人；⑧说别人感兴趣的话。

一、沟通有哪些基本模式

沟通是为了一个设定的目标，把信息、思想和情感，在个人或群体间传递，并且达成共同协议的过程。

沟通有两种基本模式：语言沟通和肢体语言沟通。

1．语言沟通

包括口头语言、书面语言、图片或者图形。

口头语言包括我们面对面的谈话、开会议论等。书面语言包括我们的信函、广告和传真，甚至包括现在用得很多的 e-mail 等。图片包括一些幻灯片和电影等，这些都统称为语言的沟通。

在沟通过程中，语言沟通对于信息的传递、思想的传递和情感的传递而言更擅长于传递的是信息。

沟通的效果来自于……

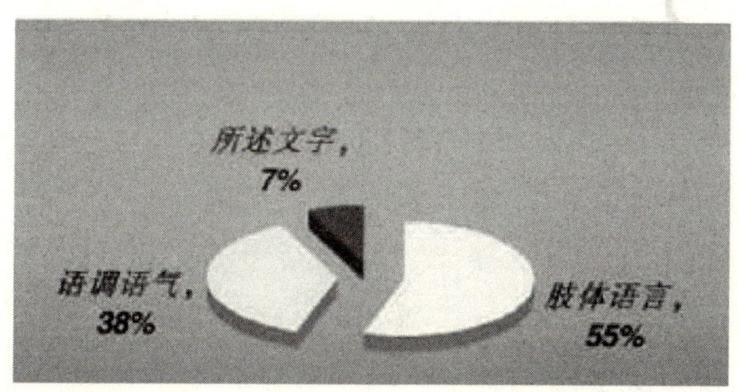

2．肢体语言沟通

肢体语言包含非常丰富，包括我们的动作、表情、眼神。实际上，在我们的声音里也包含着非常丰富的肢体语言。我们在说每一句话的时候，用什么样的音色去说，是否抑扬顿挫地去说等，都是肢体语言的一部分。

据了解，在沟通过程中有65%的信息是通过肢体语言传递的。

表10－1　肢体语言的行为含义

肢体语言	行为含义
手势	柔和的手势表示友好、商量；强硬的手势则意味着："我是对的，你必须听我的"
脸部表情	微笑表示友善礼貌，皱眉表示怀疑和不满意
眼神	盯着看意味着不礼貌，但也可能表示兴趣，寻求支持
姿态	双臂环抱表示防御，开会时独坐一隅意味着傲慢或不感兴趣
声音	演说时抑扬顿挫表明热情，突然停顿是为了造成悬念，吸引注意力

二、沟通有哪些基本步骤

有效沟通包括六个步骤。

1. 事前准备

发送信息的时候要准备好发送的方法、发送的内容和发送地点。班组长在工作中，为了提高沟通的效率，要事前准备这样一些内容：

（1）明确沟通的目标。

在与员工沟通之前，班组长心里一定要有一个目标，就是希望通过这次沟通达成什么样的一个效果。要弄清自己如果不能达成目标会采取什么样的行动。

（2）制订计划。

有了目标要有计划，即怎么与员工沟通，先说什么，后说什么。

（3）预测可能遇到的异议和争执。

有些可以根据以往的经验预测，主要在对沟通对象及沟通目的了解的基础上加以预测。

（4）对本次沟通过程中双方的优劣势作出分析。

就是明确双方的优劣势，设定一个更合理的目标，这个目标是大家都能够接受的目标。

完成这个步骤一定要注意，在我们与别人沟通的过程中见到别人的时候，首先要说：我这次与你沟通的目的是什么。

2. 确认需求

确认双方的需求，明确双方的目的是否一致。

最好的办法是向员工提问。通常，我们会用开放式问题开头，一旦谈话偏离主题，再用封闭性问题进行限制，如果发现对方有些紧张，再改用开放式问题。

请注意避免用“为什么”开始沟通。

表 10－2　提问的类型

分类	开放式问题	封闭式问题
定义	可以让讲话者提供充分的信息和细节	可以用一个词来回答的
优势	信息全面 气氛友好	节省时间 控制谈话方向
风险	浪费时间 容易偏离方向	信息有限 气氛紧张

3. 阐述观点

阐述观点就是怎么样把你的观点更好地表达给对方，这非常重要，当你的意思说完了，对方是否能够明白，是否能够接受？

4. 处理异议

在沟通过程中，有可能你会遇到异议，就是对方不同意你的观点。在工作中你想说服别人是非常困难的，同样别人要想说服你也是非常困难的。因为成年人不容易被别人说服，只有可能被自己说服。所以在沟通过程中一旦遇到异议之后就容易破裂。

当在沟通过程中遇到异议时，不要强行说服对方，而要用对方的观点来说服对方。在沟通过程中遇到异议之后，首先了解对方的某些观点，然后当对方说出了一个对你有利的观点的时候，再用这个观点去说服对方。

5. 达成协议

沟通的结果就是最后达成了一个协议。请你一定要注意：是否完成了沟通，取决于最后是否达成了协议。

在达成协议的时候，要做到以下几方面：

（1）感谢。

①善于发现别人的支持，并表示感谢。

②对别人的结果表示感谢。

③愿与合作伙伴、同事分享工作成果。

④积极转达内外部的反馈意见。

⑤对合作者的杰出工作予以回报。

（2）赞美。

（3）庆祝。

6．共同实施

在达成协议之后，要共同实施。达成协议是沟通的一个结果。但是在工作中，任何沟通的结果都意味着一项工作的开始，要共同按照协议去实施。如果班组长与员工达成了协议，可是没有按照协议去实施，那么对方会觉得你不守信用，就会失去对你的信任。一定要注意，信任是沟通的基础，如果你失去了对方的信任，那么下一次的沟通就会变得非常困难。所以说，作为一个班组长，在沟通的过程中，对所有达成的协议一定要努力按照协议去实施。

三、与下属沟通要遵循哪些基本原则

班组长要想成为成功的管理者，获得更大的进步，就必须学习与下属沟通的一些基本原则。沟通管理学提出一些沟通技巧，可以帮助我们与员工发展或维持友好合作、群策群力、有建设性的工作关系。

1．维护自尊，加强自信

自信就是“对自己感到满意”，通常对自己有信心的人都会表现得有毅力、能干而且易于与人合作。他们较乐意去解决问题，研究各种可行的方法，勇于面对挑战。

你要维护员工的自尊，小心避免损害员工，尤其在讨论问题的时候，你只要对事而不对人，便可维护员工的自尊。赞赏员工的意见，表示对他们的能力充满信心、把他们看作能干的独立个体，都可以加强员工的自信。

2．专心倾听

倾听是打开双方沟通的关键。聆听表示了解员工的感觉，可令员工知道你能体会他的处境。在细心倾听之余，再表示关怀体谅，你就可以开启沟通之门。

你要让员工知道，你正在专心聆听，同时也明白员工说话的内容和员工的感觉。使员工愿意表达内心的感觉对于解决困难有很大的帮助。

3．要求员工帮助解决问题

现在的员工都有熟练的技巧，而且一般都很热心地把一己之长贡献给群体；事实上，他们对本身工作的认识，比任何人都清楚。因此，要求员工帮助解决问题，不单可以有效地运用宝贵的资源，而且可以营造一起合作、共同参与的气氛。事实上，并非所有的意见都是可行的，如果真的不可行，要对员工加以解释，并请员工提出其他方法。当下属或组员同意把构思付诸行动时，班组长应该加以支持，并随时提供协助。

四、如何排除与员工沟通的障碍

1．障碍的类型

（1）表达的障碍。

信息沟通所使用的信号大多为语言和文字，如果信息发出者口齿不清，字体模糊，词不达意，就会使信息接收者难以理解其思想意图而形成沟通障碍。对于重点的强调不足或条理不清楚，也是导致困难的原因。

（2）知识经验的局限。

在信息发出者把自己的思想转换成信息编码时，是根据自己的知识经验进行的。同样，信息接收者也是根据自己的知识经验进行解码的。如果两者的知识经验范围不同，就很容易形成信息沟通障碍。

（3）传递的错误。

在信息传递过程中，由于传递的理解和偏好不同，往往会错传或漏传而造成信息失真，从而形成沟通障碍。

（4）信息的过量。

信息量过大，以致管理人员无法及时处理，有些信息只好被搁置起来，或被拖延处理，从而形成沟通障碍。

（5）心理的障碍。

这种障碍的主要表现：一是信息接收者对信息发出者怀有不信任感，敌意或心理紧张、恐惧，往往会拒绝接收信息或歪曲信息内容；二是报喜不报忧，目的是为了维护本部门或本人的声誉和利益。

（6）网络不畅。

一种沟通网络代表一种组织结构，如果组织结构不合理，就会导致沟通网络不畅，形成沟通障碍。

2. 班组长沟通障碍的原因

（1）缺乏自信，主要由于知识和信息掌握不够。

（2）人的记忆力的局限性。

（3）对于重点的强调不足或条理不清楚。

（4）不能做到积极倾听，有偏见，先入为主。

（5）按自己的思路去思考，而忽略了员工的需求。

（6）准备不足，没有慎重思考就发表意见。

（7）失去耐心，造成争执。

（8）时间不足，情绪不好。

（9）判断出现错误。

（10）有时员工来自四面八方，语言不通。

3. 沟通障碍的排除方法

（1）力求表达清楚完整。

要明确中心思想，思维严谨，措辞恰当，不用模棱两可的词语，在知识经验上有差异时，要进行信息改编，使接收者能够理解，易于接收。

（2）应用双向沟通。

当自上而下传递信息后，要及时反馈信息接收情况。如果出现信息失真，应立即进行纠正。最好是信息发出者能经常亲自到基层走访了解情况，与信息接收者进行面对面的沟通。

（3）控制信息量。

面对大量的信息，要对信息传递范围进行一定的限制，并分轻重缓急进行传递。

（4）以诚相待。

沟通要有诚意，取得对方的信任，要有民主作风，要能兼收并蓄，豁达大度，要经常深入基层和实际，消除被沟通者的心理障碍，与他们建立良好的关系。

（5）选择合适的沟通网络。

不同的网络结构有不同的作用和特征。因此，要根据组织目标、计划和任务等选择合适的沟通网络，这样才能保证沟通网络的畅通。

（6）让员工感到满意。

信息交流渠道畅通的关键在于让下属感到满意。下属的态度对信息交流过程有决定性的影响。

如果下属觉得班组长不合理地施加压力，强迫他们完成任务，他们便会不自觉地制造信息流通的障碍。特别是故意不让班组长了解真实情况、封锁消息、切断上情下达的通道；同时，有了改进工作的好主意也不报告，只对班组长发牢骚。

此外，敌意、畏惧、不信任等态度也会阻碍信息的正常流通，或者在流通过程中造成严重扭曲、失真。

因此，为了建立和维护信息交流渠道、确保班组的正常运转和发展，班组长应该端正认识和采取行动，做到既重视沟通，又善于沟通。

五、班组长与员工沟通有哪些技巧

1. 了解下属类型

在不同的情况下，班组长要面对各种各样的下属：

（1）班组长年轻，而小组成员都是资深的老员工。

（2）小组的组员来源不同，时常有冲突。

（3）小组成员没有工作的积极性和热情。

你有没有遇到过以上的情况呢？在日常与人交往中，你有没有遇到类似的挑战呢？你在不同的情况下与不同的人一起工作，遇到挑战时，最重要的是要耐心地去了解员工的想法。如果你对其他员工一无所知，那怎么可能做好沟通工作呢？

2. 了解员工的一般心理

班组长只有了解下属的一般心理，才能更好地与员工进行沟通，把握沟通的重点。员工的一般心理如下：

（1）谁都想支配自己的行为，不想被人像木偶一样任意操纵。

（2）希望班组长客观评价自己的能力，如果知道班组长对自己有所期待，愿意全力以赴。

（3）想回避被人强制、糊弄的事情，希望班组长听取自己的意见。

（4）自己所做的事不想被人轻视、耻笑或当作笑柄。

3. 与下属沟通的注意事项

在与下属打交道时，作为班组长要不恼怒、不苛求、不偏袒，要有主动姿态。实际工作时要注意：

（1）率先表明自己的态度和做法。

当有难题要应付时，下属都盯着班组长，如不及时阐明态度和做法的话（哪怕是错误的），下属会认为班组长很无能。同样，要想和下属打成一片的话，必须先放下“架子”，不要高高在上，要有适宜的言行举止。

（2）批人不揭“皮”。

现场人多，即使下属做得不对，如果当着大家的面训斥下属的话，会深深挫伤其自尊心，认为你不再信任他，从而产生极大的抵触情绪。记住：夸奖要在人多的场合，批评要单独谈话，尤其是点名道姓的训斥，更要尽量避免。

（3）交流时间长不如短，次数少不如多。

频繁短时间接触下属，下属更容易感到亲近，更容易知道你在注意他、关心他。

（4）要想人服，先让人言。

纵使说服的理由有一百条，也别忘了让员工先说完自己的看法，不要连听都不听，不听等于取消别人的发言权，是不信任的最直接表现。

（5）必须要诚实。

诚实对待的方式可以淘汰很多不合理的想法。因为无须担心后果，员工之间、员工与班组长之间可以自由地交流真实的想法。

沟通以诚实为基准的好处是，当人们在交流中遇到某种障碍时，公司就鼓励他们越过障碍进行真正畅通的交流，这种交流不仅是好主意产生的方式，也是让员工干劲十足、全身心投入工作的有效推动力。

（6）沟通是双向活动。

在信息时代，一线基层员工也是信息链上重要的环节。当员工得不到应有的信息时，他们便会产生一种自己被排斥在外的感觉。这就像员工提建议而得不到班组长的回应时，员工会觉得自己被忽视，自己的能力被低估，自己对公司无足轻重一样。这样，他们就不会将大量的时间和精力花在如何实现班组的目标上，而会花在其他的消遣上。

（7）花更多的时间更多地了解员工。

六、与下属沟通时如何控制气氛

安全而和谐的气氛，能使对方更愿意沟通，如果沟通双方彼此猜忌、批评或恶意中伤，将使气氛紧张、冲突，加速彼此的心理设防，使沟通中断或无效。

气氛控制技巧由四个个体技巧所组成，分别是联合、参与、依赖与觉察。

（1）联合：以兴趣、价值、需求和目标等强调双方所共有的事务，造成和谐的气氛而达到沟通的效果。

（2）参与：激发对方的投入态度，创造一种热忱，使目标更快完成，并为随后进行的推动创造积极气氛。

（3）依赖：创造安全的情境，提高对方的安全感，而接纳对方的感受、态度与价值等。

（4）觉察：将潜在“爆炸性”或高度冲突状况予以化解，避免讨论演变为负面或破坏性。

七、与下属沟通时如何进行有效推动

推动技巧是影响他人的行为，使其逐渐符合我们的议题。有效运用推动技巧的关键，在于以明白具体的积极态度，让对方在毫不怀疑的情况下接受你的意见，并觉得受到激励，想完成工作。

推动技巧由四个个体技巧所组成，分别是回馈、提议、推论与增强。

1. 回馈

让对方了解你对其行为的感受，这些回馈对人们改变行为或维持适当行为是相当重要的，尤其是提供回馈时，要以清晰具体而非侵犯的态度提出。

2. 提议

将自己的意见具体明确地表达出来，让对方能了解自己的行动方向与目的。

3. 推论

使讨论具有进展性，整理谈话内容，并以它为基础，为讨论目的延伸而锁定目标。

4. 增强

利用增强对方出现的正向行为（符合沟通意图的行为）来影响他人，也就是利用增强来激励他人做你想要他们做的事。

上列及其他沟通技巧，对于你成为一位成功的管理人员，是十分重要的因素。这些技巧可使你更快捷地解决问题，把握机会，建立一个群策群力、生产力高的小组。

八、班组长上下沟通有哪些基本要点

1. 与上司的沟通

（1）支持：尽责，尤其在上司弱项处予以支持。

（2）执行指令：聆听、询问、响应。

（3）了解下属情况：定期工作汇报，自我严格管理。

（4）为领导分忧：理解上司、敢挑重担、提出建议。

（5）提供信息：及时给予反馈、工作汇报、沟通信息。

2. 与下属的沟通

（1）关心：主动询问、问候、了解需要与困难。

（2）支持：帮助解决问题、给予认可、信任，给予精神、物质帮助。

（3）指导：诱导、反馈、考核、在职辅导、培训。

（4）理解：倾听、让下属倾诉。

（5）重视：授权、信任、尊重、认可。

（6）得到指示：清楚的指令、不多头领导、健全沟通渠道。

（7）及时的反馈：定期反馈工作上出现的情况。

（8）给予协调：沟通、调解、化解冲突。

3. 与同级的沟通

（1）尊重：多倾听对方意见，重视对方意见，不背后议论。

（2）合作：主动提供信息，沟通本部情况。

（3）帮助：给予支持。

（4）理解：宽容、豁达。

第二节　倾听的技巧

影响沟通的障碍首先来自于人们所处的角度、固有的思维模式和心理定式，其次来自于人们的沟通技巧。有效沟通最重要的技巧是用心倾听，能倾听，才能认识对方、理解对方的话语与意思，接受对方的不同及欣赏其独特的风采。

一、与上司沟通时如何倾听

倾听是有效沟通的重要基础，而很多销售人员往往说得多，听得少，有的甚至完全将“倾听”这个重要的武器舍弃不用。假如你听不出客户的意图、听不出客户的期望，那么你的销售便如“无的放矢”。

倾听是有效沟通的重要基础。在做以客户呼入为主的销售或服务时，客户作为一个主动求助方，会主动将他的需求向你倾诉，而我们需要以帮助客户的积极态度真正“听懂”客户，了解客户在“话里”和“话外”表达的问题与期望，同时让客户感到企业的重视与关怀，为解决问题奠定良好基础。

倾听是一种情感的活动，它不仅仅是耳朵能听到相应的声音。倾听还需要通过面部表情，肢体的语言，还要用语言来回应对方，传递给对方一种你很想听他说话的感觉，因此我们说倾听是一种情感活动，在倾听时应该给客户充分的尊重、情感的关注和积极的回应。

用耳朵听，用眼睛看，用心聆听，尊敬对方，充分地去尊重他。只有摆出一个认真倾听的姿态，才能充分感受和发现客户内心的真实想法，并给予积极的回应，才能获取员工的信任，这是实现有效沟通的基础。

二、与下属沟通时如何倾听

倾听能鼓励他人倾吐他们的状况与问题，而这种方法能协助他们找出解决问题的方法。倾听技巧是有效影响力的关键，而它需要相当的耐心与全神贯注。

倾听技巧由四个个体技巧所组成，分别是鼓励、询问、反应与复述。

（1）鼓励：促进对方表达的意愿。

（2）询问：以探索方式获得更多对方的信息资料。

（3）反应：告诉对方你在听，同时确定完全了解对方的意思。

（4）复述：用于讨论结束时，确定没有误解对方的意思。

当然，对于一线员工来说，由于素质层次不一，与他们的沟通倾听本身是远远不够的，班组长要以一种能让员工切实感受到你真的在倾听的方式去倾听。这里有一些基本的要点：

（1）关注。

（2）了解他们的想法。

（3）对他们的想法作出回应。

（4）感谢他们的想法。

（5）让员工存有希望。

（6）作出回应。

另外，在向员工提出问题后，如果能耐心聆听，可使双方的沟通更加有效。当然，你必须诚恳、耐心地发问、聆听和观察。

三、八种提高倾听技巧的行为诀窍

1. 目光接触

当你说话时对方却不看你，你的感觉如何？大多数人将其解释为冷漠或不感兴趣。虽然你只是用耳朵在倾听，但是别人可以通过观察你的眼睛来判断你是否真的在听。

2. 适时点头赞许

要适时地点头表示赞许，还要配合恰当的面部表情。有效倾听的倾听者会对所听到的信息表现出兴趣。通过一些非语言的信号，如表示同意的点头、恰当的面部表情、积极的目光接触等，让说话的人知道你在认真地倾听。

3. 不做出分心的举动和手势

尽量避免做出让人感觉你的思想在游走的举动，这样说话者就知道你确实是在认真地倾听。在倾听时，不要进行下面举动：一直看表，心不在焉地乱翻档案，随手拿笔乱写乱画，这些举动会让说话者感到你很厌烦，对话题不感兴趣，更重要的是，这表明了你并没有集中注意力，因此很可能会漏掉说话者传达的一些有效的信息。

4. 适时提问

带有批判性的倾听者会分析自己所听到的内容，并提出问题，这样做可以确保对倾听内容的有效理解。

5. 有效重复

就是说用你自己的话把说话者要表达的信息重新再叙述一遍。有些人在倾听时会这样说："你的意思是不是……"或者"我觉得你说的是……"这样说的原因有二：一是因为有效重复是检查你是否认真倾听的最佳手段。如果你的思想并没有注意倾听或者在思考别的问题，你一定不可能准确地叙述完整的内容。二来这也是一种精确的控制机制。复述说话者的信息，并将此信息反馈给说话者，也可以检验自己理解的准确性。

6. 不在倾听中途打断说话者

在你表达自己的意见和态度之前，先听完说话者的想法。在别人说话时不要试图去猜测别人的意思，等到他讲完，你自然就一切都明白了。

7．少说为妙

大多数人都只愿意倾诉自己的想法而不是聆听别人。很多人愿意去聆听，其目的也只是因为这样可以换取别人对他的聆听。尽管说的乐趣可能要远大于听的，因为沉默会让人难受，但是一个好的听众懂得我们不可能同时做到听和说这个道理。

8．顺利转换听者与说者的角色

在大部分工作环境中，倾听者与说话者的角色常常在交换。有效的倾听者能够使说者到听者以及听者再回到说者的角色转换十分流畅。从倾听的角度而言，这代表着听者正全神贯注于说者的谈话内容中。

附录：班组长倾听能力自测

表10－3　倾听能力自测表

能　力	评分1～5
1．经常打断他人的话	
2．接替别人的话题	
3．与人交谈中，想入非非，云游四方	
4．自动假设员工会说的话，先发制人	
5．趁其不备，立刻插入谈话	
6．试图记录下员工所说的全部的话	
7．不等员工作出决定，就突然改变话题	
8．与员工面谈时，只是一味自说自话	
9．员工需要你作出正面回答时，经常闪烁其词	
10．为了表示对员工的尊重而假装倾听	
11．因各种噪声与干扰而无法专心致志地倾听	
12．故步自封，思想保守，不愿接受新生事物	
13．为了赶时间而匆匆忙忙催促员工道出重点	
14．由于听到一些有争议的话题而影响自己的态度	
15．与员工交谈时是否能够面带微笑并作出反应性动作	

（续表）

能 力	评分1~5
16. 只听想听的，其余免谈	
17. 针对员工的年龄、性别、语气等来判断是否值得倾听	
18. 匆匆忙忙作出结论	
19. 一旦听不懂，就保持沉默	
20. 埋头干自己的活，不管员工的谈话内容	
21. 只期望员工关注你的情绪与说话	
22. 不注意细节，完全不在乎员工想要传达的信息	
23. 对员工的肢体语言熟视无睹或者麻木不仁	
24. 对那些复杂或者表面显得无聊的信息不屑一顾	
25. 当员工说话时，自己忙于对其评头论足	
26. 与人交谈时，习惯于玩弄各种小东西（手边的笔或杯子）	
27. 经常提出一些问题使他人认为你没有专心致志地听	
28. 潜意识中认识到员工对你有意见	
29. 员工与你交谈时，你经常习惯性地看手表	
30. 意识到员工不想询问有关个人或者提及其他敏感的话题	
评分标准：1 = 几乎没有 2 = 很少 3 = 偶尔 4 = 时常 5 = 始终如一	总分：

表10－4 测试得分表

1		耳聋的听众	120~150分
2		耳背的听众	100~119分
3		普通的听众	70~99分
4		良好的听众	50~69分
5		最佳的听众	10~49分

第三节　如何正确地上传下达

上传指及时向领导和上级传达部门内外工作，下达则指将领导和上级的部署和意图传达到应知对象。班组长是基层员工与管理层的桥梁，要努力做好上传下达工作。

一、对下属下达命令要注意什么要点

命令的目的是让下属照你的意图完成特定的行为或工作。其中下达命令需注意下列几点，也就是5W2H：

（1）Who（对象）。

（2）What（任务内容）。

（3）When（何时完成）。

（4）Where（地点）。

（5）How many（数量）。

（6）How（如何做）。

（7）Why（做这任务的原因）。

另外，我们在下达命令时，还需要考虑下属的意愿与能力，以决定我们下达命令与对下属支持度的强弱性。下达命令，口令清楚是基本要件，所以要因人因事因地制宜地给予指令，以达到最好的效益。

二、如何准确发出作业指示

班组长每天都得给作业人员发出各种各样的指示，通过指示与员工进行交流。这是班组长与员工沟通交流中最重要的工作之一。

为确保班组生产目标的完成，班组长必须给员工发出清晰、明确的工作指示。

1．无效指示的后果

有的班组长时常发出这样的指示：

“小心看看来料有没有不良，要是有，统统给我挑出来！”

“为了提高品质，我们要全力以赴！”

“做完以后一定要自检一下！”

“凡是有异常的，一个也不要放过！”等等。

收到这样的指示，作业人员真的会按照指示去执行吗？执行真的能达到要求吗？肯定不会，为什么呢？因为他没有“听懂”指示的真正含义。

要看什么来料的哪种不良？要怎么做才算是全力以赴？自检要检什么内容？从指示里听不出来，可又不能当面拒绝班组长的指示，所以很多作业人员只好按自己的理解去执行了。因此，做出来的结果往往不符合要求，或不得要领。体恤下属的班组长，会再指示一遍，而急躁的班组长，则会迁怒于下属，认为下属理解能力、办事能力欠佳。而事实上，其根源皆因指示本身过于抽象，作业人员无法理解具体要做的内容。

要是以同样的口吻给新员工下指示，新员工会怎么做呢？恐怕连做都不去做！

这个责任不在于指示接收方，而在于发出方。无具体内容的想做又不敢做，听了比没听更糟。没有具体内容的指示，使下属无所适从，要么不去做，要么靠自己的想象发挥来做，必然导致作业结果出现偏差。

不做比“不懂照做”要好，不做是在等待更明确的指示，除了时间上延误之外，至少不会酿成“木已成舟，后悔晚矣”的局面。到时又是维修，又是返工，而有些产品根本无法返工或返工成本过大，则造成的直接经济损失可能是班组长无法承受的。

2. 指示准确发出与接收的要素

若是对作业人员下这样的指示：

“明天A公司的B材料投入前，全数检查C飞轮的D形槽有无飞刺，飞刺规格参照QA设定的样品。”

“为了提高品质，这个月我们要全力研讨P零件所引起的不良，首先收集工程内数据。”

“螺丝上紧后，全检上框正面有无伤痕，伤痕规格参照QA样品。”

那么，作业人员一听就知道你想做些什么，而且做完后一定会有结果反馈给你。

换言之，发出的指示里要有5W1H（何人Who、何时When、何事What、何地Where、何故Why、如何How）方面的具体内容，这样作业人员才知道自己的作业目标值是什么。

（1）要有指示发出者。

要求他人达到某一目标，或实施某一做法的人。

（2）要有指示接收者。

接受别人要求并加以执行的人。

（3）指示里有具体的情报或含有某一具体意思。

情报简明扼要，人、事、物、地点、时间、目标、方法都尽可能包含在内。

（4）要有传递的媒介。

如口头谈话、电话、书面通知、托人传递、身体语言等传递媒介。能当面谈话的就不要打电话；能打电话的就不要书面通知（规定文书除外）；能书面通知的就不要托人传递。

（5）发出者与接收者在时间上、空间上十分接近。

在相隔不远的时间里，将指示用最快的速度传出去。试想一个指示，要是作业人员事后才收到，还不如不下的好！

（6）接收者有接收能力。

我们在要求准确、快速发出指示的同时，接收者的接收能力同样不可缺少。如果下属不具备接收能力的话，那么第一个要问的还是自己，没有指示接收能力的人怎么成了自己的下属？

其中第（3）和第（6）点最容易为班组长所忽视，总是以为作业人员知道整件事的来龙去脉，自己只要简单提示一下，作业人员肯定能理解自己的意图，因此长话短说，甚至一语代之。

3. 作业人员接收指示时应有的心态

（1）班组长所讲的内容里，有什么东西对自己是重要的呢？有关加薪、升迁方面的指示固然重要，但能够调动积极性的指示，下属也爱听。

（2）哪些项目对自己有影响？有什么影响？尤其是需要几个下属相互协

调配合作业的部分，更要指示清楚各自担当的职责。

（3）自己是不是要百分百地认真接收呢？不接收会怎样？平时就要灌输班组长的指示必须百分百接收和执行的思想。

（4）班组长能否听取自己的反对意见呢？

不要害怕下属提不同的反对意见，多一分反对就多一分思考，就多一分成功的机会。

（5）会不会是班组长对自己有偏见，故意让自己这么做的呢？一碗水都端不平的班组长必然失去绝大多数人的支持。

（6）如果执行了，对自己有什么好处呢？要求下属完成高难项目时，要把奖励和处罚都说清楚，这样下属才会竭尽全力拼搏。

班组长在下达命令和指示时，要尽量打消作业人员心中的这些疑团，把指示说明白、说透彻，要不然，你的指示作业人员还是“听不懂”。

三、如何向上级反映员工的意见

班组长是上下级沟通的桥梁，要做到“下情上达”“上令下行”。

1. 注意形式并提出建议

向上司反映班组员工的意见前，班组长应该将事项整理一遍，最好采取书面报告的形式。重要的是不可就事论事，应该附上自己的看法及建议，因为上司工作比较忙，面对的人员比较广，如果根据你的意见作决策，时间上会更快，也可以防止错漏。

2. 不能仅做“传声筒”

作为一名管理人员，班组长不能仅仅以一个“传声筒”的身份工作，这是远远不够的。

班组长对员工提出的意见和看法，如果自己能够解决的，应该当场解决处理，在事后向上司作报告。班组长不能把所有的事情都不作处理而原封不动地搬给上司，这不但会增加上司的管理负担，而且会让上司觉得你很无能。

四、如何传达执行上级的决议

向员工传达执行上面的精神和决议是属于“上令下行”范畴的工作，如何做好这项工作也是考验班组长沟通能力的关键。

1. 充分理解上级决议

班组长不能只是把通知往班组告示栏一贴或者在班会上无关痛痒地讲几句就完事，首先，班组长必须对决议有充分的理解。在此基础上，再把决议的目的、要求以及执行的方法向员工作出具体说明。

如果班组长自己没能了解透彻，那么员工该如何执行，是否达到要求等都无法判断评价，万一做错了，事情就更糟糕了。

2. 跟踪并解决问题

班组长不能将工作安排下去了就干等结果，工作进度的跟踪是必要的。在此过程中，班组长要不时地和员工进行沟通交流，关注工作的执行情况，解决工作中碰到的各种问题。

3. 做好向员工的疏通、解释工作

上级的很多决议可能会让员工不舒服，比如说推迟下班时间、休息日加班等，这时员工们闹情绪是在所难免的。但是，作为管理人员不应该把自己的情绪表现出来，火上浇油。要针对决议的内容耐心向员工说服解释，安抚人心，保证班组生产任务的正常进行。在这一点上，应该站在上级的立场上。

4. 及时地沟通反馈

上级的决议下达后，应该将执行过程、结果即时反馈。对于一些反响比较大，可能造成严重后果（职工罢工、破坏、人员流失）的事项，更要及时报告，以寻求有效的对策。

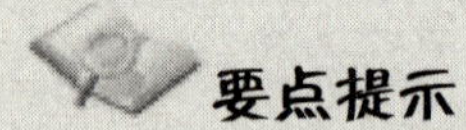

良好的沟通能力是处理好人际关系的关键。具有良好的沟通能力可以使你很好地表达自己的思想和情感，获得别人的理解和支持，从而和上级、同事、下级保持良好的关系。

附录：班组长沟通能力自测

沟通能力自测

本测验选择了一些在工作中经常会遇到的，比较尴尬的，难以应付的情境，测验你是否能正确地处理这些问题，从而反映你是否了解正确的沟通的知识、概念和技能。这些问题看似无足轻重，但是一些工作中的小事和细节往往决定了别人对你的看法和态度。如果你的分数偏低，不妨仔细检查一下你所选择的处理方式会给对方带来什么样的感受，或会使自己处于什么样的境地。

每个人都有独特的与人沟通、交流的方式。阅读下面的情境性问题，选择出你认为最合适的处理方法，请尽快回答。

1. 你的上司的上司邀请你共进午餐，回到办公室，你发现你的上司颇为好奇，此时你会：

a. 告诉他详细内容。

b. 不透露蛛丝马迹。

c. 粗略描述，淡化内容的重要性。

2. 当你主持会议时，有一位下属一直以不相干的问题干扰会议，此时你会：

a. 要求所有的下属先别提出问题，直到你把正题讲完。

b. 纵容下去。

c. 告诉该下属在预定的议程之前先别提出问题。

3. 当你跟上司正在讨论事情，有人打长途电话来找你，此时你会：

a. 告诉上司的秘书说不在。

b. 接电话，而且该说多久就说多久。

c. 告诉对方你在开会，待会再回电话。

4. 有位员工连续四次在周末向你要求他想提早下班，此时你会说：

a. 我不能再容许你早退了，你要顾及他人的想法。

b. 今天不行，下午四点我要开个会。

c. 你对我们相当重要，我需要你的帮助，特别是在周末。

5. 你刚好被聘为某部门主管，你知道还有几个人关注着这个职位，上班的第一天，你会：

a. 个别找人谈话以确认哪几个人有意竞争职位。

b. 忽略这个问题，并认为情绪的波动很快会过去。

c. 把问题记在心上，但立即投入工作，并开始认识每一个人。

6. 有位下属对你说：“有件事我本不应该告诉你的，但你有没有听到……”你会说：

a. 我不想听办公室的流言。

b. 跟公司有关的事我才有兴趣听。

c. 谢谢你告诉我怎么回事，让我知道详情。

说明：

0 ~2 分为较低，3 ~4 分为中等，5 ~6 分为较高。分数越高，表明你的沟通技能越好。

其中选 1a、2a、3c、4c、5c、6b 得分为 1 分，其他选择均为 0 分。

第四节　正确处理上下级关系

在工作中，班组长与自己的上司和下属建立良好关系非常重要。与上司建立良好的关系有助于获得其赏识，工作起来会比较顺利。组员的能力再高、工作业绩再好，如果与领导处于对峙状态，领导也会从某些方面挑出毛病，让你无法安心工作，即便你像老黄牛一样勤恳，业绩评估也不会好到哪儿去。而与下属建立良好关系是保证工作成效的基础，只有与下属关系良好，才能同心同德，才能共创佳绩，所以班组长要处理好上下级之间的关系。

一、要深入了解自己的上司

处理好与上司的关系对于做好班组长工作十分重要，要保证你的工作关系富有成效就必须学会“搞定”你的头儿。不过要做到这一点，你应该先明白下面这些问题：

要点提示

要认识到，你和上司是“一根绳上的蚂蚱”，你们要想成功就得同舟共济。

你的上司是个什么样的人？你的上司是个只愿把握大局的人，还是个事无巨细皆不放松的人？如果你向一个只愿把握大局的人汇报上一大堆细枝末节，那么你俩很快就会互相烦对方。一位只愿把握大局的领导会认为你该把所有基础工作都做好，否则他就不会信任你。如果你的上司只注重结果，那么你应该早些了解上司的个性，如此你俩的合作就会愉快得多。

一旦你真正处理好了与上司的关系，你就会觉得你们更像是伙伴而不像是上下级。作为伙伴，上司会托付你更多的责任，使你事业有进步，工作更出色。

二、像上司那样思考，当好参谋助手

管理专家提出，班组长应该关注可能性而不是局限性。即在工作中把目光盯住可能发生的机会并做好准备，努力让自己抓住机会。这样会促使自己为机会的到来而去学习、做准备。

你的上司能当领导是因为他有过人的能力。而你想做到更高的位置就应虚心向你的上司学习，学习他处理问题的得当之处，学习他思考问题的方式。久而久之，你的能力也就得到了提升，自然离你的目标也就越来越近。

班组长在单位中处于一个较特殊的位置。一方面，班组长是上级领导命令的执行者，必须维护单位的利益；另一方面，班组长又是一线组员的代表，必须代表一线组员的利益。尽管这两种职能有时会发生冲突，但在适当的时候也必须把握好自己，积极参与上级决策的制定，给上级领导当好参谋。

为更好地当好上级的参谋，班组长在实践中要做好以下几点：

（1）班组长要善于从高处着眼看问题。

班组长在给上司做参谋的过程中，要想让自己的建议更多地进入领导的决策之中，就必须站到一定的高度去观察、分析和谋划问题。

（2）班组长要有高瞻远瞩的气概。

要想提出上司易于采纳和接受的建议，班组长不能仅仅着眼于本职工作，要把视点提高到新的高度。具体地说，就是要打破已有的认识和思维局限，站在全局的制高点，与上司同位思考、同步谋划，从而使自己的建议与上司的意图不谋而合。

（3）班组长要有胸怀全局的意识。

班组长在谋划工作时，必须具有很强的全局意识，脑子里要多装一些全局性的问题，经常想一想全局的要求，把自己分管的工作放在单位整体建设的背景下去思考，立足于全局为上司决策提建议、拿方案。

（4）班组长还要有宏观的谋略。

思维定式是一切工作的大忌，班组长考虑问题时要善于突破个人的思维定式，宏观谋略。要在通晓上情、熟知本情、掌握下情的基础上，不断拓宽视野，正确领会上司的意图，准确掌握企业的全面情况。

要点提示

"不谋万世者不足以谋一时，不谋全局者不足以谋一隅。"

（5）班组长要善于从大处入手。

一个团队组织，每一个阶段都会有几项中心工作和重要任务，"重头戏"能不能唱好，是检验班组长办事能力的试金石。因此，班组长要敢于在牵动整个团队甚至部门全局的重点问题上为上司出主意、拿对策。

班组长必须摒弃位卑心理。班组长是上司的智囊，履行着参谋的职能，担当着承上启下的重任。因此，要摒弃"人微言轻、职小位卑"的自卑感，既要干好本职工作，又要在团队大事上动脑筋；既要防止坐井观天，又要防止好高骛远，力争在本职岗位上干出一番成绩。

（6）班组长要善于超前预测。

班组长作为上司的助手，要有敏锐的洞察力，对单位每个阶段可能开展的常规性工作和重大活动，做到想在前、谋在先，避免仓促上阵。同时，还得把握好火候，要注意求早但不过早。筹划工作提前准备、提前考虑、留出时间，毫无疑问可以争取主动权，但提前量不宜过大。有些工作因人员、条件、环境、时机等具体因素不确定，很容易产生变化，如果时间提前过早，往往会降低工作效率，事倍功半。

要注意果断但不武断。有些时效性强的工作所面临的机遇稍纵即逝，班组长看准了就要及时向上司提出建议，不能优柔寡断，犹豫不决。但提出建议前，必须胸有成竹，深思

要点提示

机会从来都是为有准备的人预备的。

熟虑，准备充分。否则，急于求成，草率行事，反而会贻误工作。

三、要冷静对待上司的批评

班组长在工作中出现了差错而被上司批评是很自然的事情。虽然“良药苦口利于病，忠言逆耳利于行”，但多数班组长是很难以积极的态度对待责难的。一个聪明的班组长，应当正确对待上司的责难。

1. 提高思想认识，强化纪律观念

在工作中，上司对组员有着法定的监督、控制、指导等权力。当组员出现与上司的统一运作相背离，或不协调、有误差的行为时，上司有责任对其进行批评指正，这是毋庸置疑的。否则，就是上司的失职。所以，作为班组长，应当具有这种起码的观念，被责难时不应认为是上司故意找茬，跟自己过不去。这种想法不但不利于改正错误，还会形成抵触情绪，影响与上司的正常工作关系。

2. 应当进行换位思考

当上司责难自己时，如难以接受，你可以设身处地从上司的角度考虑一下：如果我是领导，会怎样对待犯了这种错误的下属？这样一来，你就会心平气和了，就会正视自己的缺点错误了。实际上，对于许多问题的思考，适时转换思维角度，会进入豁然开朗的境界。

只要上司的出发点是好的，是为了工作，为了大局，为了避免不良影响或以免造成更大的损失，为了帮助你、挽救你，哪怕是态度生硬一些，言辞过激一些，方式欠妥一些，作为下属，你也要适当给予理解和体谅。

3. 不要推卸自己应负的责任

有了错误，给工作造成了损失，不从自身找原因，而是急于为自己辩白、解脱，结果只会适得其反。

正确的做法是：接受责难，并积极着手解决造成的不良后果。及时承认自己的疏忽，但不引起上司的不满。之后，当上司进一步调查原因时，认真配合，逐步搞清真相。这样，你该承担什么责任，他人该承担什么责任，什么是客观不可避免因素，终会有个公正的结论。要知道，任何问题的处理都要有个过程，应当学会耐心等待，否则，欲速则不达。

4. 要勇于知错而改

据心理学家观察，当人们看到犯了错误的人痛心疾首、懊悔自责的态度，并且竭尽全力去改正时，大都会因此而生恻隐之心，减轻对其错误的谴责和反感心理，同时还会给予热情的关注和由衷的帮助。这样一来，改正错误也许会成为你人生转折的一个契机。很多人就是在跌了一次跟头后，幡然悔悟，由此得到了领导的信任和帮助。应当看到，化被动为主动，变不利因素为有利因素，事物就会向着好的方向转化。

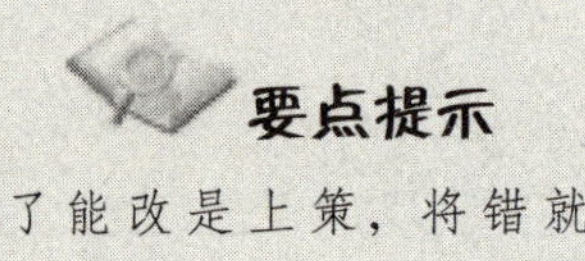

要点提示

错了能改是上策，将错就错是下策。

四、搞好班组团结，赢得成员支持

对于每个班组来说，要想圆满完成工作任务，不断地促使班组向前发展，就要全体组员团结协作，奋发进取。只有团结起来了，才能充分利用本班组的各种资源，调动一切力量创造性地完成上司交给的各项任务。

1. 搞好团结是大事

“团结就是力量，团结就是胜利”告诉我们这样一个道理：“人心齐，泰山移。”只有团结起来，才有强大的战斗力，才能取得成功，才能向前发展。

团结很重要

对一个班组来讲，只有团结起来了，才能充分利用本班组的各种资源，调动一切力量来完成班组的任务、做好班组的工作；也才能人尽所能、各司其职，从而减少内耗，提高工作效率。只要班组成员拧成一股绳，心往一处想，才能形成一种积极向上、勤奋工作的良好氛围，才能集思广益地把工作做得更好，做得更出色，从而创造性地完成上级领导交给的各项任务。

2. 赢得组员支持和拥护

赢得组员的支持是班组长搞好班组管理工作的前提。那么，如何才能赢得组员的支持呢？

要点提示

对于一些无关紧要、无伤大雅的过失，应尽量不予计较，尤其是提升不久的班组长更应该处理好与组员的关系。

首先，对待组员所犯的小错误要睁一只眼，闭一只眼。不要心胸狭窄，斤斤计较，鸡蛋里面挑骨头，这样就不能与班组成员合作共事。

其次，满足不同层次的人的不同需求。班组长要赢得组员的支持、合作和帮助，就应该根据不同的人、不同的情况，采取灵活的策略和技巧。鲁莽蛮干和僵化教条都是不对的。要善于从对方的立场看问题，了解他人的需要。作为班组长，要经常站在组员的立场想一想，如果你做到了这一点，也就等于掌握了一个如何支配组员而帮助自己成功的诀窍。

最后，要尽量满足组员的需要。“以人为本”在很大程度上是为了满足人的更高一级需要。因人所处的生活、工作环境条件的不同，所需求的层次也不同。作为班组长，要想赢得组员的支持、合作与帮助，必须结合自身条件去满足不同层次的人的需要。

第十一章　打造团队精神，凝聚团队力量

第一节　班组团队精神的培养

团队精神是企业管理效率高低的重要指标。有效的班组管理，必须是由一群富有热情和力量，努力为共同的目标而奋斗的人组成的战斗团体。富有战斗力的团队精神是与班组管理工作的高效率紧密联系的。班组长要想提高管理的绩效，使班组工作更加实际地符合企业全体员工的共同目标，建立和培养富有团队精神的员工队伍是一条必要途径。

一、班组团队的特征

1. 团队的概念

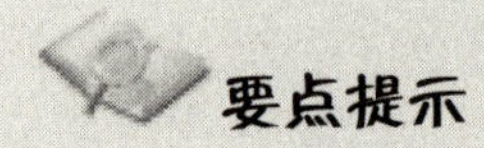

要点提示

团队不仅强调个人的工作成果，更强调团队的整体业绩。

所谓团队，是指一些才能互补、团结和谐并为负有共同责任的统一目标和标准而奉献的一群人。团队所依赖的不仅是集体讨论和决策以及信息共享和标准强化，它强调通过成员的共同贡献，能够得到实实在在的集体成果，这个集体成果超过成员个人业绩的总和，即团队大于各部分之和。

现代企业管理越来越重视对团队的建设，班组就是一个小小的团队。

（1）团队的核心是共同奉献。

这种共同奉献需要一个成员能够为之信服的目标。只有切实可行而又具有挑战意义的目标，才能激发团队的工作动力和奉献精神，为工作注入无穷无尽的能量。

（2）团队的精髓是共同承诺。

共同承诺就是共同承担集体责任。没有这一承诺，团队如同一盘散沙。作出这一承诺，团队就会齐心协力，成为一个强有力的集体。

（3）团队与工作团体的区别。

很多人经常把团队和工作团体混为一谈，其实两者之间存在本质上的区别。优秀的工作团体与团队一样，具有能够一起分享信息、观点和创意，共同决策以帮助每个成员能够更好地工作，同时强化个人工作标准的特点。但工作团体主要是把工作目标分解到个人，其本质是注重个人目标和责任，工作团体目标只是个人目标的简单总和，工作团体的成员不会为超出自己义务范围的结果负责，也不会尝试那种因为多名成员共同工作而带来的增值效应。此外，工作团体常常是与组织结构相联系的，而团队则可突破企业层级结构的限制。

2. 班组团队的特征

（1）规模比较小。

一般在10人左右。

（2）目标明确具体。

这一共同的目标是一种意境。团队成员应花费充分的时间、精力来讨论、制定他们共同的目标，并在这一过程中使每个团队成员都能够深刻地理解团队的目标。以后不论遇到任何困难，这一共同目标都会为团队成员指明方向和方针。

将团队共同的目标分解为具体的、可衡量的行动目标。这一行动目标既能使个人不断开拓自己，又能促进整个团队的发展。具体的目标使得彼此间的沟通更畅通，并能督促团队始终为实现最终目标而努力。

（3）各负其责。

成功团队的每一位伙伴都清晰地了解个人所扮演的角色是什么，并知道个人的行动对目标的达成会产生什么样的贡献。他们不会刻意逃避责任，不会推诿分内之事，知道在团体中该做些什么。

（4）强烈参与。

现在有数不清的组织风行“参与管理”。领导者真的希望做事有成效，就会倾向参与或领导，他们相信这种做法能够确实满足“有参与就受到尊重”的人性心理。成功团队的成员身上总是散发出挡不住参与的狂热，他们相当积极、相当主动，一逮到机会就参与。

（5）互相倾听。

在好的团队里头，某位成员讲话时，其他成员都会真诚地倾听他所说的每一句话。

有位团队负责人说：“我努力塑造成员们相互尊重、倾听其他伙伴表达意见的文化，在我的单位里，我拥有一群心胸开放的伙伴，他们都真心愿意知道其他伙伴的想法。他们展现出其他单位无法相提并论的倾听风度和技巧，真是令人兴奋不已！”

（6）畅所欲言。

成功团队的领导人会提供给所有成员双向沟通的舞台。

每个人都可以自由自在、公开、诚实地表达自己的观点，不论这个观点看起来多么离谱。因为，他们知道许多伟大的观点，在第一次被提出时几乎都是被冷嘲热讽的。当然，每个人也可以无拘无束地表达个人的喜怒哀乐。

3. 团结互助

在好的团队里，我们经常看到员工们可以自由自在地与上司讨论工作上的问题，并请求：“我目前有这种困难，你能帮我吗？”再者，大家意见不一致，甚至立场对峙时，都愿意采取开放的心胸，心平气和地谋求解决方案，纵然结果不能令人满意，大家还是能自我调适，满足部门的需求。

当然，每位成员都会视需要自愿调整角色，执行不同的任务。

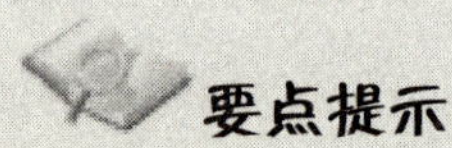

要点提示

团队精神是指团队在共同的目标指引下，积极协作，共同努力工作，以期达到目标的一种精神状态，是团队中成员的团队意识与集体态度。

4. 互相认同

“我觉得受到别人的赞赏和支持。”这是高成效团队的主要特征之一，团队里的成员对于参与团队的活动感到兴奋不已，因为每个人会在各种场合里不断地听到这话：“我认为你一定可以做到！”“我要谢谢你！你做得很好！”“你是最好的！你是最棒的！”这些赞美、认同的话给大家注入了需要的强心剂，提高了大家的自尊、自信，并驱使大家愿意携手同心。

二、班组团队精神建设有哪些要点

1. 使班组成员认同团队目标

团队精神是成员对团队的态度表现，它体现一个成员对团队的满意感，并有愿为达到团队目标的心理和行为表现。这种心理与行为表现只有当个人的目标与团队的目标一致，得到团队内成员的认同方能产生。如果团队内成员对团队目标不认同，甚至反对，便不可能形成高昂的团队战斗力。所以，班组长要经常对其成员进行行之有效的教育，宣传团队或企业的目标，使班组成员感到自己的满足得自于企业和团队的成就，从而为实现企业和团队目标而努力工作。

2. 使班组成员对工作有满足感

班组成员对在团队中所从事的工作感到合乎他的兴趣，具有挑战性，能充分发挥他们的潜力，可施展其抱负，这样的工作就会使成员感到满意。满意的工作可以激发高昂的劳动热情。所以，班组长不仅要了解班组成员本人的脾气、爱好、特长、文化水平、健康状况、家庭状况，因为这些信息往往是影响成员个人需求、动机与行为的重要因素，而且还要在安排工作时尽量照顾班组成员兴趣、能力与专长，使员工的学识才能在工作上有充分的发挥机会。

公司与员工一同发展

3. 要使经济报酬合理

合理的经济报酬是对班组成员付出劳动的补偿和肯定，取得一定的经济报酬对不同的员工来说具有不同的作用。对有些人来说，报酬是取得社会地位的一种途径，对另一些人来说可能是受到赏识的形式。但对大多数人来说，经济报酬决定了他们的生活水平的高低，可以满足员工较低层次的需要。因而，企业在工资与奖金的分配上如能按劳分配，保证工作表现较好的员工能获得较高的报酬，就会激发员工的积极性和创造性。反之，就会严重挫伤成员的积极性，降低团队的战斗力。合理的经济报酬，不仅对激发班组团队成员的战斗力有重要作用，而且对保持团队成员的战斗力也十分重要。

4. 使班组成员关系和谐

团队内部团结、思想统一、感情融洽、关系和谐、行动协调，每个成员对团队的归属感、责任感、自豪感就会增强；当个人利益与团队的集体利益发生矛盾时，个体就会无条件地服从集体。相反，如果成员相互心理不相容，相互猜疑嫉妒、尔虞我诈、内讧不止、正常的人际关系不复存在，这样的团队不仅没有战斗力，而且必然解体。因此，班组长要努力改善和增强团队内成员间的和谐关系。

5. 保持员工的身心健康

班组长要努力改善员工的工作环境、生活环境，丰富员工的文化活动，努力增进员工的身心健康。建立良好的内部沟通渠道，努力消除班组长对员工，员工对班组长，以及员工之间的不满与隔阂，保持员工的心理平衡，减少员工的心理挫折，进而有助于提高团队的战斗力。

三、如何培养班组的团队精神

1. 培养良好的工作环境

培养良好的工作环境，是培养团队精神的第一个方法。

怎样才能成为一名高效的团队领导者呢？班组长必须努力了解成员的需求，以及他们的工作动机，因为唯有能够了解这点的班组长，才可以营造良好的工作环境；也只有在这种环境下，在达到目标的同时，才可以满足班组团队成员的个人需求。

2. 培养班组成员整体搭配的默契度

培养伙伴们整体搭配的团队默契，是增进团队精神的另一个不二法门。

作为团队的领导人，班组长固然要让每位成员都能拥有自我发挥的空间，但更重要的是，你要用心培养大伙，破除个人主义，整体搭配，协调一致，同时，努力使彼此了解取长补短的重要性。

要点提示

一个团队要更高效地发挥作用，它的每一个团队成员都必须为整个团队及团队的任务而全力以赴地工作。团队成员必须完全理解团队的任务并为之努力。

如果能真正做到这点，自然就能凝聚出高于个人力量的团队智能，随时都能造就出不可思议的团队表现和成绩出来。

3. 明确团队任务

要确保让团队中的每一个成员都熟悉团队的任务是什么。在传统的班组中，成员仅仅知道他自己那部分的工作，他们甚至不知道各自的工作是如何被整合到工作团队的整体任务中去的，而一个团队不能那样做，每一个团队成员都有必要了解整个团队的任务。假设团队是为公司机构生产业务通信的，其中资料的一部分是要定期刊载的，而另一部分则仅仅是为满足某些特定的管理需要而准备的一次性的资料，你有编辑，撰稿人，美工和排版专家。你可能把这项基本任务描述为在不超出预算的情况下，将高质量的业务通信送到消费者和其他客户手中。即使在传统的工作团队中，这样着眼于整体任务的表达方式也会有巨大的帮助，对一个团队来说，这更是不可或缺的。

4. 着眼于完成团队整体任务

确保团队中的每一个成员都着眼于完成团队的整体任务，而不是他们各自的工作。一旦每一个成员都了解了团队的整体任务是什么，他们就要着眼于该整体任务。事实上，有时候那意味着成员不得不牺牲他们个人的工作来服务于整个团队的全局。

5. 鼓励员工的协作精神

鼓励员工协作以及鼓励他们把自己视为一个团队的一部分。

员工们常感到这种过渡比较困难，那些为传统的公司机构工作的员工适应于基于个人工作基础上的奖励或处罚，要他们从着眼于个人工作的完成转变为互相帮助需要一段时间，如果其工作表现出团队协作精神，一定要给予表扬并将其作为其他员工学习的表率。

四、如何增进团队合作无间的精神

1. 培养合作意识

如果班组的大部分工作都需要共同合作才能完成，那么缺乏相互配合的气氛会对工作质量产生严重的影响。这就要求班组长应该：

（1）告诫班组员工，如果缺乏合作意识将会产生很严重的问题。

当整个团队内部相互竞争后，要加以制止。尽量找几个最近几个月内发生的实例，说明工作的结果不好，正是因为员工之间缺乏合作，或因为相互竞争而使产品存在瑕疵。

（2）向管理培训部门寻求帮助，培养员工合作技巧。

如果你以前没有要求员工合作过，他们不可能知道如何进行合作。合作不仅仅是一种态度，也是一种技巧，就如同其他的技巧一样，是可以通过正规的培训来学习和实践的。

（3）确认那些需要员工以团队的形式来合作共同完成的任务。

员工们需要有机会实践他们所学到的合作技巧，尽量使这些工作任务和员工们所学的技能产生联系，以此让员工们尽可能地有实践的机会。你所确认的那些任务不必都是生产某个产品的那种任务，你可以自己创造一些需要团队合作来完成的某些任务。诸如，设计一个同事反馈制度，或对以前的重要的工作作某些评论等，这样做的目的是确认一些需要团队合作精神的项目。

（4）检查表现评价和奖惩机制。

这是班组长为了确保工作当中重点是合作不是竞争而需要采取的重要措施之一。做一个长期的观察，看看到底该奖励员工的什么品行。表现最优秀的员工是那些可能被挑选出来得到提升的人吗？长薪水仅仅是根据个人的表现吗？如果团队有一套完善的测评机制，有多少因素是强调团队精神的？如果你要求合作，那么就对合作的表现进行奖励。检查奖励合作的机制，必要时修改它。但要注意，奖励是给整个班组团队的，而不是某个个别的人。

2. 增进团队之间合作无间的精神

（1）永远把班组成员放在第一位。

只有这样对待班组团队成员，班组团队成员才会愿意采取行动。关怀、珍惜他们，支持他们，激励他们去做好每件事情。

当班组成员受到鼓舞感召，他们藏在心底深处的无限潜能就会快速地爆发出来，那么，他们所做的任何事情，都将相当杰出和完美。

（2）重视教育培训。

从职前教育，班组长就应该开始向新成员灌输有关团队的正确观念，让他们学习团队的行为，尔后，在定期的在职训练中，仍然要不断在“人际关系”“沟通”、管理等课程上多予以加强，通过有计划的训练，这些受过良好训练的伙伴，就会比较有信心地全力奉献自己的才能，自动自发地和其他成员一起合作，共创佳绩。

附录：

表 11－1　班组团队有效性测试

状　况	低	较低	中	较高	高
班组生产效率下降	1	2	3	4	5
工作中感到委屈	1	2	3	4	5
班组成员之间的冲突	1	2	3	4	5
对分配的任务迷惑，不清楚组员之间的协作关系	1	2	3	4	5
目标不清，或对目标承担责任少	1	2	3	4	5
对组员缺乏热情或兴趣、不愿参与其中	1	2	3	4	5
缺乏创新、想象力或动力	1	2	3	4	5
与上司工作容易出现问题	1	2	3	4	5
工作沟通少，组员不敢交谈，不互相聆听	1	2	3	4	5
缺乏信任	1	2	3	4	5
组员认为出色的工作没有得到任何认可或奖赏	1	2	3	4	5

（续表）

状　况	低	较低	中	较高	高
组员没有动力为团队更加出色而努力	1	2	3	4	5
评价 14～28分：团队运行有效率 29～42分：团队运行出现问题苗头，应进行监控 43～56分：严肃对待需要改进的团队问题并采取行动 57～70分：应立即采取行动对团队进行改进					

第二节　高执行力班组团队的建设

执行力就是有效利用资源、保质保量达到目标的能力。执行力包含完成任务的意愿，完成任务的能力，完成任务的程度。对个人而言，执行力就是办事能力；对团队而言，执行力就是战斗力。团队建设是执行力的保证，班组长必须倾力打造高执行力班组的团队。

一、如何实施班组文化变革

文化有很强的惯性，要在旧文化里注入新元素，一定会有障碍和阻力。现存的价值趋向、管理作风和组织结构都可能需要重新打造，而员工对于变革的不确定性会产生担忧和恐惧，不自觉地抵制新鲜事物，所以一定要大力宣传执行力文化的优越性，由企业最高领导层带头，用自己的言行来传达执行力文化，并通过广泛的沟通和交流取得员工的理解和支持。

如果老员工坚决抵制新文化，那么文化变革必然困难重重。所以，有时候，改变企业文化的唯一办法就是吐故纳新、变动人事。这意味着既要根据执行力文化的要求招聘新员工，还要对接受并热爱执行力文化的老员工委以重任，甚至在必要的时候将顽固分子清除出去。

二、让执行力文化在班组中落地生根

辛辛苦苦建立起来的执行力文化，到底能不能保持长久的生命力，能不能深植于企业生产经营活动当中，是每个领导都非常关心的问题。要想让执行力文化在企业内部落地生根，需要做好以下工作。

1. 提高思想认识

执行力文化的形成和最终扎根于企业是一件长期而艰巨的任务。要想最终获得成功，必须把打造执行力文化提高到战略的高度，由企业的最高领导作为第一倡导者和实践者，总揽全局，一丝不苟地把执行力文化贯彻到中层、基层，并使所有的员工都重视执行力文化的建设，这是使执行力文化落地生根的首要条件。

2. 健全保障机制

要想让执行力文化在企业内落地生根，离不开制度、准则和行为规范的保障。企业文化毕竟是无形的思想理念，不能单纯停留在口号上，必须寓无形于有形，把它渗透到企业的每一项规章制度、政策及工作规范、标准、行为准则当中，使员工的每一项工作，参与的每一项活动都打上执行力文化的烙印。

具体的保障机制包括以下几个方面：

（1）健全奖惩制度。关于这一点在前面已有所论述。总之，对实践执行力文化的先进分子要及时进行表彰和奖励，对违背的人或事要进行批评和惩罚，这是使执行力文化在企业落地生根的关键一步。

（2）健全企业庆典、员工联谊、劳动竞赛、定期评选模范等制度。用一切形式对员工宣传和灌输执行力文化，并鼓励员工将执行力文化融入自觉的行为习惯中。

（3）建立培训制度。无论对老员工还是新员工都要强化文化熏陶和教育。可以采用举办文化讲座、编写文化教材等方式对员工进行执行力文化的培训。

（4）把企业执行力文化与岗位责任制结合起来，使执行力文化与员工的日常工作紧密联系，通过具体的行为规范、工作准则把执行力文化贯彻到每个岗位、每个员工的实际行动中去。

3. 加强对员工的宣传和教育

执行力文化要在企业落地生根还需要通过各种渠道不断进行宣传和教育。企业内刊、公司网页、BBS、研讨会、广播、电视都是执行力文化宣传的好工具。企业文化教育按对象可以划分成对领导的教育培训、对专业技术人员和管理人员的教育培训，以及对一线员工的教育培训，这种有针对性的培训设计，符合执行力文化对不同层次员工的要求。另外，还可以适时举办员工文化演讲，使员工结合工作实际和切身体会，谈谈对执行力文化的感受和执行力文化发挥的作用，形成一种自我教育的方式。总之，要让员工深刻理解企业的执行力文化是什么，怎么做才能提高执行力，以创造强势的文化氛围，使执行力文化深入人心。

三、要让理念形象化和故事化

理念形象化

1. 将理念形象化为印象深刻的故事

优秀的企业文化并不是只让企业的中高层管理者认同，而是要让所有的员工，甚至是临时的员工都认同，这才叫卓越的企业文化。企业在导入新的企业文化时，首先应该根据自己提炼的理念体系，找出企业内部现在或者过去相应的先进人物、事迹进行宣传和表扬，并从企业文化的角度进行重新阐释。海尔 CEO 张瑞敏“砸冰箱”的故事世人耳熟能详，是理念故事化的典范。

2. 将故事提升为共同认知的理念

在企业文化的长期建设中，先进人物的评选和宣传要以理念为核心，注重从理念方面对先进的人物和事迹进行提炼，对符合企业文化的人物和事迹进行宣传报道。在企业文化建设中，要按照企业文化的要求进行先进人物的评选，并在公司内部和相关媒体进行广泛宣传，让全体员工都知道为什么他们是先进，他们做的哪些事是符合公司的企业文化的。这样的榜样为其他员工树立了一面旗帜，同时也使企业文化的推广变得具体而生动。

四、以身作则才能凝聚员工的心

以身作则就是以自己的行动作为榜样。班组长要有权威性，其实权威性包括法定性权力和威望性权力。法定性权力能使下属“畏服”，威望性权力可以使下属“悦服”。要搞好工作，光凭强制性命令是不行的，还要凭借班组长个人的优秀品质所产生的精神力量，即“人格魅力”。要当好班组长，绝不能单靠权力来维护自己的地位，而要用较高的威信去增强凝聚力、吸引力。从某种意义上讲，“人格魅力”要超过法定的权力。要严于律己、宽以待人，不要以官自居，发号施令；要有海纳百川之胸襟，要有容人和容事的气度，不要阳奉阴违，嫉贤妒能，排斥异己，抢功诿过。只有这样，才能在班组中享有较高的威信，才能真正赢得一班人的尊重、钦佩和信赖，才能凝聚全体员工的心。

参考文献

[1] 聂云楚编著．杰出班组长．深圳：海天出版社，2002.

[2] 肖智军，党新民编著．现场管理实务．广州：广东经济出版社，2001.

[3] 宋维同主编．制造业班组长训练课程．北京：中国经济出版社，2004.

[4] 王铎，肖彬编著．生产运作规范化管理文案．北京：经济科学出版社，2005.

[5] 陈仲华，李景元等主编．现代企业现场管理运作实务．北京：中国经济出版社，2003.

[6] 托马斯·艾伯斯．一线管理者——基层管理人员成功之路．北京：中国经济出版社，1992.

[7] 柳萍，张屹著．生产计划与管理运筹．广州：广东经济出版社，2003.

[8] 潘林岭著．新现场管理实战．广州：广东经济出版社，2003.

[9] 韩展初著．现场管理实务．厦门：厦门大学出版社，2002.

[10] 李广泰编著．生产现场管控．深圳：海天出版社，2005.

[11] 李景元编著．现代企业现场管理．北京：企业管理出版社，2001.

[12] 李永华，雷镇鸿编著．最新工厂管理实务．深圳：海天出版社，2002.

[13] 朱少军主编．现场管理简单讲．广州：广东经济出版社，2005.

[14] 宋维同主编．制作业班组长训练课程．北京：中国经济出版社，2004.

[15] 邱绍军编著．现场管理36招．杭州：浙江大学出版社，2006.

[16] 曾明彬主编．金牌班组．广州：广东经济出版社，2008.

[17] 张亚琦编著．基层班组长手册．北京：中国商业出版社，2005.

[18] 任国友编著．如何当好班组长．北京：化学工业出版社，2007.